俄罗斯
伏尔加河沿岸联邦区发展报告
（2023）

ANNUAL REPORT ON DEVELOPMENT OF
THE VOLGA RIVER FEDERAL DISTRICT IN RUSSIA (2023)

李志强　主　编
沈　影　王逸群　副主编

社会科学文献出版社
SOCIAL SCIENCES ACADEMIC PRESS (CHINA)

主要编撰者简介

李志强 教授，博士生导师，四川大学国际关系学院院长，四川大学南亚研究所所长、当代俄罗斯研究中心主任。国务院学位委员会区域国别学学科评议组成员，中俄友好、和平与发展委员会委员，中国俄罗斯东欧中亚学会常务理事，中国外国文学学会俄罗斯文学研究分会副会长，中国高等教育学会“一带一路”研究分会副理事长，中俄“长江-伏尔加河”高校联盟副秘书长，中国高等教育学会国际政治研究分会常务理事，四川省贸促会委员及专家委员会委员，成都市委外事工作委员会咨询专家。研究方向为区域国别学、国际政治。主持国家社科基金及各类省部级课题20余项，出版专（编）著6部、译著7部（合译），主编、参编教材4部，在国内外重要期刊上发表论文50余篇。

沈 影 四川大学国际关系学院副教授、国际政治系主任、欧亚研究中心副主任，中国中俄关系史研究会常务理事，中国高等教育学会“一带一路”研究分会副秘书长。研究方向为苏联、俄罗斯对外政策。主持国家社科基金及各类省部级课题近10项，在国内外期刊上发表论文20余篇。

王逸群 四川大学国际关系学院副教授、当代俄罗斯研究中心副主任。研究方向为俄罗斯文学、文化政治学。主持省部级课题2项，在国内外期刊上发表论文20余篇。

序

面对动荡变革的世界格局，新时代中俄全面战略协作伙伴关系保持高水平发展势头。人文交流和地方合作对增进相互理解、弘扬睦邻友好传统、赓续两国人民世代友好、夯实双边关系社会基础具有极其重要而深远的意义。2013 年 5 月，中俄“长江-伏尔加河”地方合作机制正式启动，中方由时任国务委员杨洁篪牵头，成员单位为长江中上游地区五省一市（安徽省、江西省、湖南省、湖北省、四川省、重庆市）；俄方由时任俄罗斯总统驻伏尔加河沿岸联邦区全权代表巴比奇牵头，成员单位为该区 14 个联邦主体。2016 年 8 月 31 日，中国外交部正式批准四川大学担任中俄“长江-伏尔加河”高校联盟中方牵头高校，俄方牵头单位为俄罗斯下诺夫哥罗德国立技术大学。中俄“长江-伏尔加河”高校联盟是中俄“长江-伏尔加河”地方合作机制的重要内容，承担着深化两国人文交流、拓展中俄高校高端国际合作、助推“一带一路”建设的重要使命，目前已有 36 所中方成员高校、50 所俄方成员高校。作为中俄“长江-伏尔加河”高校联盟中方牵头高校，四川大学推出了一系列研究成果，由当代俄罗斯研究中心和欧亚研究中心发起编撰的《俄罗斯伏尔加河沿岸联邦区发展报告（2023）》即其中之一。

伏尔加河沿岸联邦区位于俄罗斯的欧洲部分，是俄罗斯重要的经济、文化和交通枢纽，连接着俄罗斯的中央联邦区、南部联邦区和乌拉尔联邦区，涵盖了喀山、萨马拉、萨兰斯克等多个重要城市。伏尔加河作为俄罗斯的“母亲河”不仅是区域内重要的水运通道，也在历史上为当地的经济和文化发展做出了不可磨灭的贡献。《俄罗斯伏尔加河沿岸联邦区发展报告（2023）》旨在全面描述、分析伏尔加河沿岸联邦区的发展现状及前景，分为以下六部分。

第一章　俄罗斯伏尔加河沿岸联邦区概况。本章介绍了伏尔加河沿岸联邦区的地理位置、自然资源、历史背景以及行政区划等基本情况，为读者提供了一个全面的区域概述。

第二章　俄罗斯伏尔加河沿岸联邦区经济发展现状、问题及展望。本章详细分析了该地区的经济发展现状，指出了当前存在的问题，并对未来的经济发展趋势进行了展望。

第三章　俄罗斯伏尔加河沿岸联邦区社会政治概况。本章探讨了区域内的社会结构、人口分布、政治环境及其对区域发展的影响。

第四章　俄罗斯伏尔加河沿岸联邦区文化民俗概况。本章介绍了伏尔加河沿岸联邦区丰富的文化传统和民俗风情。

第五章　俄罗斯伏尔加河沿岸联邦区教育概况。本章重点介绍了区域内的教育体系、教育资源等。

第六章 俄罗斯伏尔加河沿岸联邦区与中国长江中上游地区合作概况。本章探讨了两地在经济、文化等方面的合作情况。

本书第一章由路煜撰写，第二章由米军撰写，第三章由刘青尧撰写，第四章由胡曾莉撰写，第五章由邵明倩撰写，第六章由路煜撰写，杨韫珂承担了全书的统稿工作，李志强、沈影、王逸群、张悦对书稿进行了校订。社会科学文献出版社的颜林柯、高雁两位编辑老师为此书出版付出了很多心血，在此向她们表示诚挚感谢！

书中错漏之处，敬请众方家指正。

俄罗斯伏尔加河沿岸联邦区发展报告编写组

2024年10月

目 录

第一章　俄罗斯伏尔加河沿岸联邦区概况

路　煜*

一　伏尔加河沿岸联邦区地理概况

伏尔加河沿岸联邦区（Приволжский федеральный округ）作为俄罗斯8个联邦区之一，成立于2000年5月13日，位于俄罗斯欧洲部分东部的乌拉尔和伏尔加河下游地区，与哈萨克斯坦接壤，面积为103.8万平方千米，占俄罗斯领土总面积的6.1%。

伏尔加河沿岸联邦区下辖14个联邦主体，包括6个共和国、7个州和1个边疆区，分别是巴什科尔托斯坦共和国（Республика Башкортостан）、楚瓦什共和国（Республика Чувашия）、马里埃尔共和国（Республика Марий Эл）、莫尔多瓦共和国（Республика Мордовия）、鞑靼斯坦共和国（Республика Татарстан）、乌德穆尔特共和国（Республика Удмуртия）、基

* 路煜，四川大学国际关系学院助理研究员，主要从事俄罗斯研究。

洛夫州（Кировская Область）、下诺夫哥罗德州（Нижегородская область）、奥伦堡州（Оренбургская Область）、奔萨州（Пензенская область）、萨马拉州（Самарская Область）、萨拉托夫州（Саратовская Область）、乌里扬诺夫斯克州（Ульяновская Область）和彼尔姆边疆区（Пермский Край）（见表1-1）。

表1-1　伏尔加河沿岸联邦区各联邦主体面积、人口数量和行政中心（截至2023年1月）

序号	联邦主体	面积（平方千米）	人口数量（人）	行政中心
1	巴什科尔托斯坦共和国	142947	4080684	乌法
2	楚瓦什共和国	18343	1173231	切博克萨雷
3	马里埃尔共和国	23375	672093	伊奥什卡尔-奥拉
4	莫尔多瓦共和国	26128	771086	萨兰斯克
5	鞑靼斯坦共和国	67847	4001941	喀山
6	乌德穆尔特共和国	42061	1442292	伊热夫斯克
7	基洛夫州	120374	1138200	基洛夫
8	下诺夫哥罗德州	76624	3081002	下诺夫哥罗德
9	奥伦堡州	123702	1841601	奥伦堡
10	奔萨州	43352	1246367	奔萨
11	萨马拉州	53565	3142152	萨马拉
12	萨拉托夫州	101240	2404198	萨拉托夫
13	乌里扬诺夫斯克州	37181	1180725	乌里扬诺夫斯克
14	彼尔姆边疆区	160236	2508239	彼尔姆

资料来源：2023年俄罗斯联邦统计局数据。

伏尔加河沿岸联邦区的行政中心为下诺夫哥罗德，最大城市为鞑靼斯坦共和国首府喀山（Казань）。现任俄罗斯联邦总统驻伏尔加河沿岸联邦区全权代表为俄罗斯科学与高等教育部原副部长伊戈尔·科马罗夫（2018年11月29日至今）。

值得注意的是，伏尔加河沿岸联邦区和伏尔加河地区是两个不同的概念。首先，伏尔加河地区是地理概念，顾名思义指的是伏尔加河流经的区域，而伏尔加河沿岸联邦区是行政区划，二者的基本概念不同；其次，地理上的伏尔加河下游部分地区（阿斯特拉罕和伏尔加格勒地区）在行政区划上并不属于伏尔加河沿岸联邦区，属于南部联邦区，而伏尔加河沿岸联邦区还包括地理上位于乌拉尔地区的部分地区（巴什科尔托斯坦、基洛夫、奥伦堡、彼尔姆和乌德穆尔特）。

截至2023年1月，伏尔加河沿岸联邦区的人口为28683811人①，占俄罗斯总人口的19.59%；城市居民占人口总数的72.66%，总体略低于全俄水平（75.11%）②。该联邦区大多数人口信奉东正教，占总人口数量的70%~75%，此外有超过20%的人信仰伊斯兰教，伊斯兰教徒主要集中在鞑靼斯坦共和国和巴什科尔托斯坦共和国。截至2023年1月，伏尔加河沿岸联邦区内大型城市人口数量见表1-2。

表1-2　伏尔加河沿岸联邦区内大型城市人口数量（截至2023年1月）

城市	人口数量（人）	城市	人口数量（人）
喀山	1314685	萨马拉	1164916
下诺夫哥罗德	1250639	乌法	1062300
彼尔姆	1034002	萨拉托夫	836900
乌里扬诺夫斯克	613793	奥伦堡	570329

资料来源：2023年俄罗斯联邦统计局数据。

① 2023年俄罗斯联邦统计局数据。
② 2023年俄罗斯联邦统计局数据。

二　伏尔加河沿岸联邦区经济概况

伏尔加河沿岸联邦区的经济结构多元化，采掘业、机械工程行业和石化业占相当大的比例，农工综合体、生物技术和制药、建筑和建材、运输等行业对经济发展的作用也很大，喀山、下诺夫哥罗德、萨马拉、萨拉托夫、乌法等城市作为科技中心为该区域的发展提供了极大可能。俄罗斯约 20% 的人口居住在伏尔加河沿岸联邦区境内，使该联邦区成为俄罗斯人口最稠密的地区之一。而下诺夫哥罗德、喀山、萨马拉等大型城市（聚集区）的存在，也为该区域提供了广阔的市场。截至 2023 年 1 月，伏尔加河沿岸联邦区各联邦主体的地区生产总值排行见表 1-3。

表 1-3　伏尔加河沿岸联邦区各联邦主体的地区生产总值排行（截至 2023 年 1 月）

单位：十亿卢布

序号	联邦主体	地区生产总值
1	鞑靼斯坦共和国	3865
2	巴什科尔托斯坦共和国	2000
3	萨马拉州	1969
4	下诺夫哥罗德州	1888
5	彼尔姆边疆区	1430
6	奥伦堡州	1390
7	萨拉托夫州	1005

续表

序号	联邦主体	地区生产总值
8	乌德穆尔特共和国	841
9	乌里扬诺夫斯克州	498
10	奔萨州	493
11	基洛夫州	481
12	楚瓦什共和国	392
13	莫尔多瓦共和国	298
14	马里埃尔共和国	211

资料来源：2023 年俄罗斯联邦统计局数据。

经济发展离不开交通基础设施，而伏尔加河沿岸联邦区的铁路网在俄罗斯全国以及国际过境交通中都发挥着重要的作用，其地处“一带一路”和“欧亚经济联盟”腹地，是亚洲和欧洲之间的铁路动脉。伏尔加河沿岸联邦区拥有发达的铁路网，连接区内各地和俄罗斯其他地区。俄罗斯共有 7 条铁路穿过伏尔加河沿岸联邦区，其大部分地区处于古比雪夫铁路局（Куйбышевская железная дорога）和高尔基铁路局（Горьковская железная дорога）管辖范围。伏尔加河沿岸联邦区的铁路运营里程居各联邦区第 2 位，长度为 14897 千米（截至 2020 年）①。

伏尔加河沿岸联邦区多元的经济结构得益于其丰富的自然

① Семина Ирина Анатольевна，Фоломейкина Лариса Николаевна，“Развитие сети железных дорог на территории приволжского федерального округа”，*Научное обозрение*，Международный научно-практический журнал，2021，С. 2.

资源和密集的水系。该区域内的主要河流是伏尔加河，除此之外，还有大小河流9.6万多条，水库约1.6万座。由于水资源丰富，生态系统种类具备多样性。北部属针叶林区，气候温暖湿润，降雨量较多，森林覆盖率高；而南部湿度适中，以混交林和森林草原为主。

从气候条件来看，伏尔加河沿岸联邦区属温带大陆性气候。在该区域内，乌拉尔山脉由南向北分布，导致西部与东部区域的气候条件相差较大。该区域内最冷的月份为1月（平均气温为-17℃至-12℃），最温暖月份为7月（平均温度为15℃至22℃）。在奥伦堡州曾记录到区域内夏季最高气温，达43℃，而冬季最低气温记录则出现在巴什科尔托斯坦共和国境内，低至-48.5℃。区域内降水量适中，1966~2009年，区域内年平均降水量为530mm左右。

如上所述，伏尔加河沿岸联邦区拥有丰富的自然资源、发达的水系以及多种气候，为农业发展提供了良好的条件。因此，在伏尔加河沿岸联邦区拥有大量农工综合体。在该区域北部，农工综合体主要从事动物养殖和牛奶生产，而在其他地区则主要从事农作物生产。伏尔加河沿岸联邦区主要种植谷物、土豆和蔬菜。由于地域分布广泛，区域内有些地区需要引入河流灌溉，有些地区则因水资源过于丰富需要将水引出。在该区域的农村，生产蜂蜜并从事养马活动十分普遍，几乎在每个大型居民定居点都有食品生产企业分布。伏尔加河沿岸联邦区的农业总产值长期居于全俄第2位，在诸多农产品分类指标中，在全俄居第1位的是农作物种植面积、粮食种植面积、向日葵种植面积、向日葵产量、牛的存栏数量、牛奶产量、禽蛋产量以及蜂蜜产量，俄罗斯蜂蜜产量居前3位的联邦主体（巴什科尔托斯坦共和国、鞑靼斯坦共和国和奥伦堡州）都在伏尔加河沿岸联邦区。在耕地面积方面，奥伦堡州、萨拉托夫州、巴什科尔托斯坦共和国、鞑靼斯坦共和国都在300万公顷以上，排名进入俄罗斯前10，上述4个联邦主体的耕地总面积占全俄耕地总面积的17.7%。在养殖业方面，巴什科尔托斯坦共和国、鞑靼斯坦共和国和奥伦堡州3个联邦主体的牛的存栏数量占全俄的14.1%。[①] 从地理分布来看，伏尔加河沿岸联邦区北部森林地带的农业占绝对优势；伏尔加河下游地区包括萨拉托夫州、萨马拉州及其附近一些地方的农作物主要有小麦、黑麦、燕麦、大麦、甜菜和向日葵等；伏尔加河流域中部地区的种植业占优势；西部地区（下诺夫哥罗德州）的畜牧业占主导地位；在南部地区，巴什科尔托斯坦共和国北部的萨拉托夫州和奥伦堡州有悠久的养羊业历史。据俄罗斯联邦统计局数据，2018年第一季度，伏尔加河沿岸联邦区的农产品生产总额占俄罗斯的24.3%，农业生产指数达到101.3%，农产品价格指数达到97.2%。[②] 伏尔加流域内人口密集，耕地集中连片

① 肖辉忠：《俄罗斯伏尔加河沿岸联邦区农业问题研究》，《欧亚经济》2019年第5期。

② Социально -экономическое положение федеральных округов. федеральная служба государственной статистики, http：//www.gks.ru/wps/wcm/connect/rosstat_ main/rossta.

分布于各城镇附近。在农业总产值上，巴什科尔托斯坦共和国和奥伦堡州的综合实力较强，而下诺夫哥罗德州、彼尔姆边疆区、乌德穆尔特共和国、奔萨州、莫尔多瓦共和国、马里埃尔共和国、萨马拉州、楚瓦什共和国、乌里扬诺夫斯克州和基洛夫州等则相对较弱。巴什科尔托斯坦共和国以养马和养蜂为主要经济行业，约有 200 万公顷土地从事畜牧业生产。[①] 牛奶产量较高的是位于南部的鞑靼斯坦共和国、巴什科尔托斯坦共和国、乌德穆尔特共和国、奥伦堡州和萨拉托夫州等；其中，鞑靼斯坦共和国的奶牛业最发达，而巴什科尔托斯坦共和国也因盛产奶牛而成为重要的奶源基地。

除了发达的农业，伏尔加河沿岸联邦区还拥有齐全的工业门类，几乎涵盖所有行业，其中较为发达的是机械工程、石油和天然气综合体。其工业的发达在一定程度上应归功于区内丰富的矿产资源，主要矿产资源有石油和天然气，还有一些金属矿产及非金属矿产，其中石油储量占俄罗斯总储量的 13%，天然气储量占俄总储量的 2%。同时，该区域内还有独特的钾盐（占俄罗斯总储量的 90%）、大量磷矿资源（60%）、锌（20%）、铜（16%）、银（16%）和金（17%）。此外，区内还拥有少量钻石、铬、锰、铁、钛、锆、煤炭，以及用于生产建筑的各种原材料。在这些因素的作用下，该区域成为俄罗斯

① Т. Г. Морозова, Экономическая география России: учебник для студентов вузов обучающихся по специальностям экономики и управления (Москва, ЮНИТИ-ДАНА, 2011), С. 16.

重要的工业基地和经济中心。该区域还拥有许多国防科技企业。由于工业生产消耗量大，伏尔加河沿岸联邦区的石油开发比其他地区更密集。尽管原有的石油资源消耗速度较快，但由于发现了新矿床，该地区仍然是一个有前途的产油区。就储量而言，伏尔加河沿岸联邦区不如乌拉尔联邦区，但在石油和天然气加工方面却超过乌拉尔联邦区，因为众多化工厂在该区域运营。除了石化资源，丰富的电力和水资源与较大的消费者市场促进了该区域石油和天然气综合体的发展。

伏尔加河沿岸联邦区的机械工程行业主要包括车辆、仪器、电子产品、石油和天然气工业设备的制造行业。该区域拥有多个大型机械制造联合体，其特点是多家企业联合生产经营，汽车制造在经济中占有特殊地位。例如，自 1969 年开始，卡玛斯汽车厂（Камский Автомобильный Завод，КАМАЗ）就在“三引进”（引进制造技术、设备、资金）方针下从美国、德国、法国、意大利、英国、日本等工业发达国家引进了大批先进的成套汽车生产设备和大量资金，联合利哈乔夫汽车厂、明斯克汽车厂、雅罗斯拉夫尔发动机厂、莫斯科汽车研究院等 5000 家企业和 100 家科研院所开展车型开发、发动机研制、工程设计施工等各项工作，总投资约 50 亿美元，成立了包括重型汽车整车、发动机、零配件生产在内的大型联合企业。20 世纪 80 年代，卡玛斯牌重型汽车凭借良好的性能、维护简易等优点出口到全世界 50 多个国家和地区，卡玛斯牌重型汽车成为苏联汽车工业的重要出口商品之一。到 1988 年 10

月18日，卡玛斯汽车厂累计生产了100万辆卡玛斯牌重型卡车，并成为苏联最大、最主要的重型汽车生产企业。1990年，卡玛斯汽车厂改革企业经营机制，成立了卡玛斯汽车股份有限公司，1991年苏联解体后卡玛斯汽车股份有限公司继续发展，通过市场化经营并积极引进欧美发达国家的资金和先进技术，巩固了其在俄罗斯和独联体国家的重型商用汽车主要供应商的地位。① 作为苏联以及俄罗斯的重要卡车、客车生产企业，其组建的卡玛斯车队曾17次赢得达喀尔拉力赛，名扬海外。由于其具有雄厚的实力，2022年俄乌冲突爆发后，包括雷诺在内的部分离开俄罗斯市场的西方汽车品牌在俄工厂均由卡玛斯汽车公司接手。

此外，伏尔加河沿岸联邦区还有一家大型飞机制造厂Aviastar-SP，坐落于乌里扬诺夫斯克州，作为联合飞机公司（Объединённая авиастроительная корпорация）的子公司，专门从事伊尔-76等机型的制造、维修工作。作为苏联航空工业史上一颗璀璨的明珠，伊尔-76在苏联时期一直由乌兹别克斯坦生产，苏联解体后俄罗斯将该机型的生产能力转移至Aviastar-SP，目前年产量已经逐渐回升并接近苏联航空工业的巅峰时期。

伏尔加河沿岸联邦区的电力工业以大型火力发电厂、水力发电厂、核电厂为主。火力发电厂在其中处于领先地位，较大的有扎因斯克发电厂、卡尔马诺夫斯克发电厂、彼尔姆的国营

① 资料来源于卡玛斯汽车股份有限公司官网。

地方发电厂；水力发电厂主要有切博克萨雷发电厂、萨马拉发电厂、萨拉托夫发电厂、下卡姆斯基和卡姆斯基的水电站；核电厂以巴拉科沃核电厂为代表。

该区域内的化学工业主要是塑料、合成树脂、合成酒精、纤维和橡胶的生产，大量使用本地和进口原材料，其特点为化学工业与石油工业共生发展。根据当地的地域特点，纺织工业以亚麻织物、鞋类、毛皮制品和地毯的生产为主。此外，该区域还在钾盐提取和加工领域占有领导地位，其产品在俄罗斯国内和世界市场上都有较大需求。在伏尔加河沿岸联邦区，有色冶金在冶金行业中处于领先地位。伏尔加河沿岸联邦区的木材加工业相当发达，由于该地区森林资源丰富，获取木材并生产纸张的成本较为低廉，因此该区域是木材出口的重要基地。

经济结构多元化这一特点，有助于伏尔加河沿岸联邦区的社会经济相对平稳地运行。2014 年以后，俄罗斯受国际经济危机和西方制裁的影响，国内外需求急剧下降，首当其冲的产业为汽车制造业。俄罗斯政府采取了一系列举措来抵消这场危机所造成的负面影响。伏尔加河沿岸联邦区内经济相对发达的区域往往能够维持更高的投资热情，由此生产量不降反升，如鞑靼斯坦共和国、巴什科尔托斯坦共和国、乌德穆尔特共和国、彼尔姆边疆区和萨拉托夫州等。

第二章　俄罗斯伏尔加河沿岸联邦区经济发展现状、问题及展望

米　军*

在经济全球化进程受阻的现实背景下，梳理伏尔加河沿岸联邦区的社会经济发展状况、科学研判其未来发展前景，有利于把握伏尔加河沿岸联邦区的发展特点，为中俄两国的区域合作提供新思路。

一　伏尔加河沿岸联邦区的经济发展现状

伏尔加河沿岸联邦区是俄罗斯的第二大联邦区，也是俄罗斯最具经济社会发展前景的联邦区之一。伏尔加河沿岸联邦区的辖区面积为103.8万平方千米，占俄罗斯联邦总面积的6.1%。[①] 根

---

* 米军，四川大学经济学院教授，主要从事世界经济学研究。

① https：//uiec. ru/wpcontent/uploads/2022/07/Бюллетень_ 2022_ ПрФО_el1. pdf? ysclid=ler0yu8l8c450180786.

据俄罗斯联邦统计局公布的数据，截至 2023 年 1 月 1 日，伏尔加河沿岸联邦区的常住人口数量为 2868 万人，占俄罗斯联邦总人口的 19.59%，是俄罗斯人口密集的行政区之一。从综合潜力来看，伏尔加河沿岸联邦区在俄罗斯所有联邦区中，在社会经济发展方面是最具前景的一个地区，有能力吸引大规模投资，值得关注。

地区生产总值是衡量一个地区在全国范围内经济比重的重要指标。俄罗斯联邦统计局公布的数据显示，按照 2016 年的不变价格计算，2016~2020 年伏尔加河沿岸联邦区的地区生产总值依次为 110783 亿卢布、112395 亿卢布、114467 亿卢布、116653 亿卢布、115665 亿卢布。2016~2020 年，伏尔加河沿岸联邦区地区生产总值占全俄比重稳定在 14%~15%（见图 2-1），居八大联邦区第 2 位，仅次于中央联邦区（35%），略高于乌拉尔联邦区（13%）和西北联邦区（11%）。在人均地区生产总值方面，伏尔加河沿岸联邦区的表现不佳。2016~2020 年，伏尔加河沿岸联邦区的人均地区生产总值稳定在全俄人均地区生产总值的 74%左右（见图 2-1），居八大联邦区第 6 位（后两位为南部联邦区和北高加索联邦区）。

得益于丰富的自然资源，伏尔加河沿岸联邦区在工农业发展上具有明显的比较优势，表现为工农业活动占全俄比重仅次于中央联邦区。以 2022 年上半年为例，伏尔加河沿岸联邦区的矿物开采量占全俄的 14.5%，加工制造量占全俄的 19.2%，电能、燃气、蒸汽和空调供应量占全俄的 16.2%，供排水和污

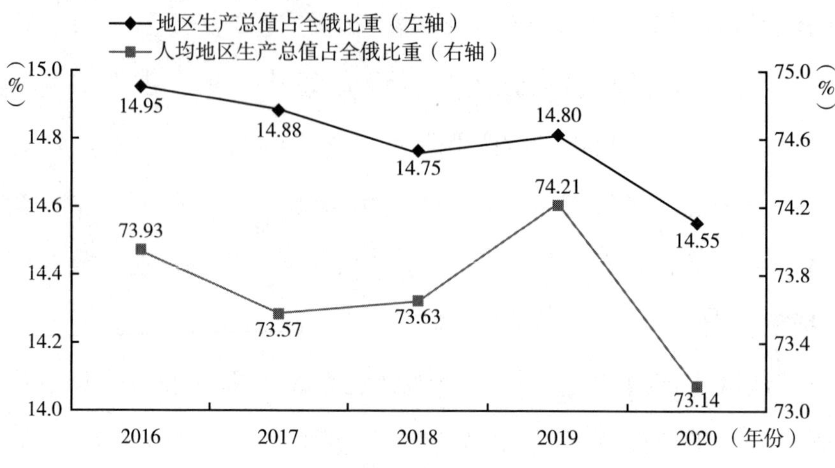

图 2-1　伏尔加河沿岸联邦区地区生产总值

资料来源：根据俄罗斯联邦统计局数据整理，https：//rosstat. gov. ru/statistics/accounts。

染处理量占全俄的 18. 7%。在 2022 年上半年俄罗斯所有农业生产者（农业组织、农民、农场、个体企业家、家庭）的生产总量中，伏尔加河沿岸联邦区的占比为 23. 5%（见图 2-2）。虽然伏尔加河沿岸联邦区的第一、第二产业在俄罗斯经济社会发展中的贡献率较高，但是该地区第三产业的发展水平相比之下处于落后地位，表现为金融投资额仅占全俄的 4. 3%。

（一）伏尔加河沿岸联邦区内部各联邦主体间的经济发展存在明显差异

伏尔加河沿岸联邦区内部各联邦主体在发展方向、投资吸引力和发展制约方面各有特点（见表 2-1）。根据这些特点，能够归纳出三种区域发展模式。第一种，以农业或农工经济为

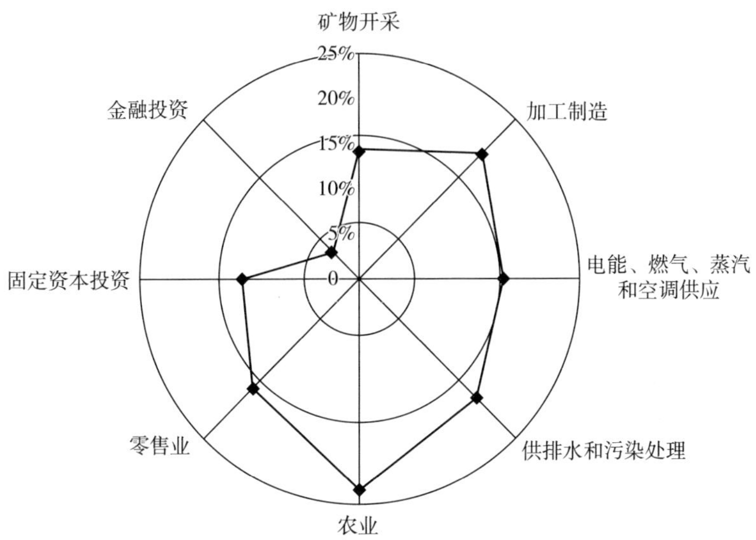

图 2-2　2022 年上半年伏尔加河沿岸联邦区各类经济活动产出占全俄比重

资料来源：根据俄罗斯联邦国家统计局数据整理，https：//rosstat. gov. ru/folder/11109/ document/13260。

主，主要使用传统资源，在财政方面依赖联邦中央，投资吸引力和创新活动水平较低，是粗放型经济增长模式，效率低且劳动力成本高。具体涉及的联邦主体有：楚瓦什共和国、基洛夫州、马里埃尔共和国、莫尔多瓦共和国、萨拉托夫州、乌里扬诺夫斯克州和奔萨州。第二种，以农业或者工业经济为主，具有巨大的投资潜力，得到联邦中央的支持，实施了许多区域项目和计划，但这些项目和计划并不总是有效的。具体涉及的联邦主体有：巴什科尔托斯坦共和国、乌德穆尔特共和国、下诺夫哥罗德州、萨马拉州和奥伦堡州。第三种，规划积极的经济发展政策，明确优先发展领域，具有中等或较高水平的投资吸引力，开展创新活动，实施健全的区域项目，具有较高的效率，区域发展较为平衡和全面，积极开发利用信息技术。具体涉及的联邦主体有：鞑靼斯坦共和国和彼尔姆边疆区。

表 2-1　伏尔加河沿岸联邦区内各联邦主体的经济发展特点

联邦主体	发展方向	投资吸引力	发展制约
巴什科尔托斯坦共和国	农业、工业	高，正在积极吸引投资者	税收征收率低
马里埃尔共和国	农业、工业	低，有成长的趋势	企业处于危急状态
莫尔多瓦共和国	农业	低	平均工资低
鞑靼斯坦共和国	农业、工业	高	税收下降
乌德穆尔特共和国	农业、工业	联邦政府为发展军工综合体企业提供财政补贴	税收征收率低
楚瓦什共和国	农业	低	对联邦中央的依赖程度高
彼尔姆边疆区	工业	中等，有下降趋势	经济多样化水平低
基洛夫州	农业、工业	中等	政府债务水平高
下诺夫哥罗德州	工业	相对较高，保持稳定	工业生产指数下降
奥伦堡州	工业	低	工业生产指数下降
奔萨州	农业	投资活动正在恢复	经济发展动力不足
萨马拉州	工业	中等	工业生产水平下降
萨拉托夫州	农业、工业	中等	工业生产水平下降
乌里扬诺夫斯克州	农业、工业	中等，有下降趋势	工业生产水平下降

资料来源：俄罗斯各联邦主体统计局。

（二）伏尔加河沿岸联邦区工业生产保持稳定的发展速度

伏尔加河沿岸联邦区的工业化程度较高，是俄罗斯经济发展较快的地区之一，工业总产值约占俄罗斯的1/4，位居各联邦区之首。其工业门类齐全，重工业尤其机械制造业（包括航空、火箭、造船、仪器、机床等行业）和石化工业是区域内传统的优势产业。该区域内拥有全俄30%的军工联合体、30%的造船业、40%的石化产品、65%的飞机制造业和85%的汽车工业。①

伏尔加河沿岸联邦区传统的专业化领域是机械制造业，该区域机械制造业对俄罗斯行业增加值的贡献最大（超过俄罗斯总指标的33%）。伏尔加河沿岸联邦区的汽车产量在全俄的占比超过73%（其中卡车的比例超过90%，公共汽车的比例超过85%，汽车发动机的比例超过80%），汽车行业领先的工厂主要有伏尔加汽车厂、高尔基汽车厂、卡玛斯汽车厂以及乌里扬诺夫汽车厂等。② 此外，该地区拥有大量的军工联合企业。其中，乌德穆尔特共和国和萨马拉州的军事工业较为发达，与俄罗斯联邦中央长期签有军事订单。2019年9月，乌德穆尔特共和国的伊热夫斯克机电设备股份公司与俄罗斯联邦国防部签署了一项总价值近1000亿卢布的长期合同，为俄罗斯军队提供相关防空导弹系统。③

伏尔加河沿岸联邦区最重要的产业部门是燃料动力行业。

① http：//www. pfo. meteorf. ru/o－sluzhbe/spravochnaya－informacziya/xarakteristika－prirodnyix－resursov－v－pfo. html.

② http：//pfo. gov. ru/district/.

③ https：//udmpravda. ru/2019/10/10/udmurtiya－podtverdila－status－flagmana－rossijskogo－opk/.

其石油和天然气生产综合体在规模上仅次于西西伯利亚地区，但在炼油和抽气量方面具有绝对领先优势，其中石油产量最多的是鞑靼斯坦共和国和巴什科尔托斯坦共和国。位于下诺夫哥罗德、下诺夫斯克、乌法、彼尔姆、克斯托沃、塞兹兰、新古比雪夫、萨拉托夫、新库比雪夫斯克和萨拉托夫的炼油厂是石油化工行业的原料基地，提供 80 余种半成品，如直馏汽油、丁烷、丁烷-丁烯等。另外，伏尔加河沿岸联邦区的石油和天然气管道在俄罗斯经济发展中发挥着重要作用，不仅满足了该地区的需求，而且是将石油和天然气从西西伯利亚运输到俄罗斯西部地区以及石油出口的重要纽带。

电力行业在伏尔加河沿岸联邦区的专业化市场中备受关注，其中火力发电厂是电力生产的中坚力量，最大的火力发电厂是扎因斯克发电厂、卡尔马诺夫斯克发电厂和彼尔姆的国营地方发电厂。此外，一些水力发电厂和核电厂也发挥了重要作用，如切博克萨雷、萨马拉、萨拉托夫的水力发电厂等，巴拉科沃核电厂每年的发电量超过 300 亿千瓦时，占俄罗斯所有核电厂发电量的 1/5，容量达 4000 兆瓦。①

伏尔加河沿岸联邦区化学工业的特点是优先发展炼油业，并和汽车工业密切相关，在鞑靼斯坦共和国、巴什科尔托斯坦共和国、萨马拉州、萨拉托夫州以及彼尔姆边疆区已建立大型的石油化工中心。同时，伏尔加河沿岸联邦区的化工原料资源

---

① https：//miraes.ru/samaya-moshhnaya-aes-reyting-top-10-samyih-krupnyih-atomnyih-stantsiy-mira/.

丰富，上卡姆钾盐矿床的钾盐储量约为1730亿吨，超过世界钾盐储量的1/4，占俄罗斯已探明储量的96%。[①] 因此，该地区拥有增加产量的大量机会，无论当前还是今后，在国际市场上对其产品都有很高的需求。

俄罗斯联邦统计数据显示，2022年，伏尔加河沿岸联邦区包括“矿物开采”“加工制造”“电能、燃气、蒸汽和空调供应”“供排水和污染处理”等经济活动在内的工业生产指数为2021年同期的100.4%，略高于俄罗斯整体平均水平99.4%，同时低于中央联邦区的103.1%。在“矿物开采”、“加工制造”和“电能、燃气、蒸汽和空调供应”经济活动中，伏尔加河沿岸联邦区的增长水平高于俄罗斯联邦的整体水平，而在“供排水和污染处理”经济活动中，伏尔加河沿岸联邦区的增长水平略低于俄罗斯联邦的整体水平。

2022年，在伏尔加河沿岸联邦区内，工业生产增长较多的联邦主体分别是鞑靼斯坦共和国（106.6%）、奔萨州（104.3%）、乌德穆尔特共和国（103.0%）、巴什科尔托斯坦共和国（102.7%）和基洛夫州（101.7%），并且主要的增长来自“矿物开采”和“加工制造”。2022年，工业增长最少的是马里埃尔共和国，2022年工业生产指数仅为2021年同期的93.5%，但其“矿物开采”生产指数为113.0%，居联邦区内第3位，其他3类经济活动的不景气是该地区工业生产指数较低的主要原因（见表2-2）。

① https：//studfile.net/preview/2044069/page：5/.

总体来看，伏尔加河沿岸联邦区的工业生产有着稳定的发展速度，已经在现实环境中寻找到了合适的经济增长条件。

表 2-2　2022 年俄罗斯联邦和伏尔加河沿岸联邦区工业生产指数（相比上年同期，%）

主体	工业生产指数	按经济活动分类			
		矿物开采	加工制造	电能、燃气、蒸汽和空调供应	供排水和污染处理
俄罗斯联邦	99.4	100.8	98.7	100.1	93.9
伏尔加河沿岸联邦区	100.4	102.6	100.4	101.0	86.1
巴什科尔托斯坦共和国	102.7	116.3	101.0	101.1	86.7
马里埃尔共和国	93.5	113.0	94.0	95.0	74.0
莫尔多瓦共和国	97.3	89.3	97.7	93.4	102.1
鞑靼斯坦共和国	106.6	105.2	108.2	100.0	91.1
乌德穆尔特共和国	103.0	103.4	104.5	89.9	74.8
楚瓦什共和国	99.6	126.1	99.6	100.7	88.0
彼尔姆边疆区	98.0	105.4	92.6	105.2	89.3
基洛夫州	101.7	98.2	102.6	93.6	101.3
下诺夫哥罗德州	100.1	94.1	99.9	104.4	95.6
奥伦堡州	96.5	95.7	99.4	103.9	75.3
奔萨州	104.3	94.7	105.5	92.4	86.8
萨马拉州	96.5	100.8	93.2	97.5	78.8
萨拉托夫州	100.5	99.8	99.9	105.1	75.1
乌里扬诺夫斯克州	93.7	100.4	92.5	101.6	105.7

资料来源：根据俄罗斯联邦国家统计局数据整理，https：//rosstat. gov. ru/folder/11109/document/13259。

（三）伏尔加河沿岸联邦区农业发展较好且在全俄处于领先地位

在农业方面，伏尔加河沿岸联邦区的大部分农业用地位于温带地区，优良的气候条件有利于亚麻、油菜籽、蔬菜和绿色饲料等多种作物的种植，河流和漫滩草甸的存在也为畜牧业的发展和蔬菜种植创造了有利条件。[①] 从农业总产值来看，中央联邦区位列八大联邦区之首，伏尔加河沿岸联邦区长期处于全俄第 2 位。2022 年上半年，伏尔加河沿岸联邦区的农业产值占全俄的 23.5%。在伏尔加河沿岸联邦区内，鞑靼斯坦共和国、巴什科尔托斯坦共和国、萨拉托夫州和奥伦堡州的综合实力较强；下诺夫哥罗德州、彼尔姆边疆区、乌德穆尔特共和国居中；奔萨州、莫尔多瓦共和国、马里埃尔共和国的农业经济发展迅速；萨马拉州的农业经济陷入困境；楚瓦什共和国、乌里扬诺夫斯克州和基洛夫州农业经济比较落后。在农业生产结构中，既有集体农场，也有私人农场和个体农场。地区农业发展的不同特点和农业的多元化结构为选择不同发展模式和资源整合提供了广泛的机会。

在诸多农产品分类指标中，伏尔加河沿岸联邦区的农作物种植面积、粮食种植面积、向日葵种植面积、向日葵产量、牛的存栏数量、牛奶产量、禽蛋产量以及蜂蜜产量处在全俄第 1 位。联邦区内的巴什科尔托斯坦共和国、鞑靼斯坦共和国和奥伦堡州是全俄蜂蜜产量居前 3 位的联邦主体。从耕地面积来看，奥伦堡州、萨拉托夫州、巴什科尔托斯坦共和国、鞑靼斯坦共和国的耕地面积都在 300 万公顷以上，居俄罗斯前 10 位，

---

① http：//pfo. gov. ru/district/.

上述 4 个联邦主体的耕地面积占全俄耕地面积的 17.7%。在养殖业方面，巴什科尔托斯坦共和国、鞑靼斯坦共和国和奥伦堡州 3 个联邦主体的牛的存栏数量占全俄的 14.1%。该联邦区的森林面积为 4110 万公顷，占地区总领土的 39.6%。同时，该联邦区的林业发展水平较高，木材产量占俄罗斯总产量的 23%，木材、纸浆和纸制品的生产在地区经济中发挥了重要作用。此外，亚麻、羊毛、皮革、皮鞋、地毯等产品的生产是该地区轻工业生产体系的补充部分。

伏尔加河沿岸联邦区农业经济综合实力最强的地区是鞑靼斯坦共和国。虽然近些年的气候变化对鞑靼斯坦共和国的农业影响较大，但该地区土壤情况较好，有较大规模的黑土地，并且该地区的农业经济具有 3 个显著特点：第一，地方政府长期优先支持发展农业，并对农业进行高水平的财政支持；第二，地区内各种农业经营模式均衡发展，主要有一体化的大型农业控股公司、大型农业企业、中型农业企业、小型农业生产者（私人农场等）、家庭副业从事者 5 种农业经营模式；第三，鞑靼斯坦共和国在牛奶生产特别是商品化牛奶的生产方面处于全俄领先地位，该地区通过补贴投资贷款利率、对新建和改造奶牛养殖场进行补贴、按照产量进行补贴等方式，不断扩大和激励当地奶业的生产。

与鞑靼斯坦共和国相比，巴什科尔托斯坦共和国则是俄罗斯传统农业的缩影。在该地区的农产品生产中，家庭农户这种最为传统、原始的生产方式占据着主导地位，即具备小农经济规模庞大这一显著特征。除此之外，巴什科尔托斯坦共和国还拥有庞大的私人农场经济。目前，巴什科尔托斯坦共和国缺乏有实力的大型农业企业，这与俄罗斯其他的农业主产区不同。当地政府也将未来的发展寄希望于大型农业企业，但是如何协调投资者的利益与诉求、地方政府的财政能力、当地民众的利益与观念三者之间的矛盾，仍是亟待解决的现实难题。

伏尔加河沿岸联邦区的粮食主产地是萨拉托夫州和奥伦堡州。这两个地区耕地面积巨大，是俄罗斯的粮食主产区，虽然综合实力和农业发展状况不及鞑靼斯坦共和国和巴什科尔托斯坦共和国，但有各自的特色。萨拉托夫州的粮食产量、小麦产量在全俄居前 10 位，向日葵种植面积长期处于俄罗斯的最高水平。同时，萨拉托夫州私人农场的发展一枝独秀，在粮食生产方面与大型农业企业平分秋色，这在俄罗斯是很独特的现象。奥伦堡州的耕地规模居全俄第 2 位（仅次于阿尔泰边疆区），耕地面积庞大但单位产出极低，是典型的粗放型农业经营模式。虽然单产非常低，但其小麦质量远近闻名，特别是硬质小麦，在国内外都有明显的优势。另外，奥伦堡州的小米质量也非常好，俄罗斯最好的奥伦堡羊也在此养殖，奥伦堡羊绒以其良好的纺纱品质而闻名。

2022 年，伏尔加河沿岸联邦区迎来了粮食大丰收，粮食产量打破了自 1990 年以来的纪录，共收获 3690 万吨谷物和豆类，几乎是 2021 年的两倍，贡献了全俄近 1/4 的粮食产量。

其中，萨拉托夫州的粮食产量高达648万吨，巴什科尔托斯坦共和国和鞑靼斯坦共和国的粮食产量均超过500万吨，奥伦堡州的粮食产量为400万吨。这些地区是伏尔加河沿岸联邦区乃至全俄最大的粮食和豆科作物生产区。俄罗斯联邦统计数据显示，与2021年相比，伏尔加河沿岸联邦区2022年的农业生产指数显著高于全俄，达到120.1（全俄指数为110.2），位居八大联邦区之首。该联邦区内所有地区的农业生产都在增长，增长率从马里埃尔共和国的5.5%到奥伦堡州的36.9%不等。据俄罗斯联邦总统驻伏尔加河沿岸联邦区全权代表伊戈尔·科马罗夫称，收割活动取得了成功。“由于采取了一系列联邦和地区层面的措施，伏尔加河沿岸联邦区在谷物和豆类的总收成方面仍处于领先地位。通过优惠贷款、补贴和租赁，企业升级设备，购买肥料和优良种子，实现生产设施现代化，吸引相关专家，普遍让农村生活更加舒适。”①

依托庞大的农业耕地面积和农村人口，以及长期的积累，伏尔加河沿岸联邦区的农业生产指标表现优良，但客观地说，从比较优势和发展态势来看，该地区正在失去优势。主要原因在于，联邦区内缺少农业经济高质量发展的联邦主体，比如，鞑靼斯坦共和国、巴什科尔托斯坦共和国、萨拉托夫州和奥伦堡州等联邦主体目前存在农产品生产者与经营者效益不佳、依赖政府预算补贴、品牌意识和市场意识

① http：//pfo. gov. ru/press/events/107584/.

薄弱等问题。同时，伏尔加河沿岸联邦区内的大型农业控股公司和大型农业企业，就其使用土地的规模而言，已属“世界级别”，但从其产品产量、盈利水平、营销能力和国际视野等方面来看，基本上不具备国际竞争力，主要的出口产品仍然是粮食和植物油等原料型产品。而俄罗斯的中小型农业企业、私人农场虽然有着与欧洲私人农场类似的规模，但是产品质量低，更缺少驰名的、被广泛认可和接受的品牌。整体而言，伏尔加河沿岸联邦区的农业生产仍然是传统内向型。

（四）伏尔加河沿岸联邦区的投资保持一定增长

投资是经济社会发展的一个重要参数，因为其决定了地区的商业活动水平、就业情况、企业竞争力、经济增长机会等。2022 年 1~9 月，伏尔加河沿岸联邦区的累计投资额为 21897 亿卢布，居八大联邦区的第 3 位（中央联邦区为 53723 亿卢布，乌拉尔联邦区为 26735 亿卢布）。按可比价格计算，2022 年 1~9 月，伏尔加河沿岸联邦区的固定资产投资额同比增长 4.3%，低于全俄平均增长率 5.9%。

2022 年 1~9 月，伏尔加河沿岸联邦区内各地区按当前价格计算的固定资产投资情况如表 2-3 所示。从投资额来看，2022 年 1~9 月，整个伏尔加河沿岸联邦区的投资额约为 21897 亿卢布。在联邦区内，鞑靼斯坦共和国的固定资产投资额处于领先地位，约为 5385 亿卢布，在全俄范围内排名第 5。

鞑靼斯坦共和国的高投资活动得益于有效的国家和区域政策，通过税收优惠刺激投资，该地区被纳入联邦发展计划，并实施有效的项目管理措施。鞑靼斯坦共和国内的大型工业企业，如塔特尼夫石油公司、喀山直升机厂等在增加投资方面发挥了重要作用。这些大型工业企业通过现代化转型和大规模扩大生产设施，发挥了地区创业生态系统的核心功能，并且支持了相关研究和生产企业的发展。

从增长率来看，相较于2021年同期，2022年1~9月，伏尔加河沿岸联邦区的投资增长了4.3%。其中：投资增长率最为亮眼的联邦主体是楚瓦什共和国，为38.5%；乌德穆尔特共和国（9.3%）和萨拉托夫州（8.7%）分列第2位和第3位；另外，3个联邦主体的投资增长率为负，对伏尔加河沿岸联邦区的投资总额产生负面影响，分别是奔萨州（-8.5%）、基洛夫州（-3.4%）和巴什科尔托斯坦共和国（-1.2%）。

从投资结构来看，2022年1~9月，在整个伏尔加河沿岸联邦区，自有资金占比为60.5%，借贷资金占比为39.5%，其中预算资金发挥了重要作用，占比为24.4%，预算资金中17.2%是联邦预算资金。楚瓦什共和国和下诺夫哥罗德州两个联邦主体的自有资金占比低于借贷资金占比，其余12个联邦主体固定资产投资的主要来源均是自有资金。

俄罗斯联邦总统驻伏尔加河沿岸联邦区全权代表伊戈尔·科马罗夫表示：“伏尔加河沿岸联邦区有一大批地区正在积极

改善投资环境，地方当局及时采取的财政、货币和监管措施有助于刺激商业活动。”①。

表 2-3　2022 年 1~9 月俄罗斯联邦和尔加河沿岸联邦区固定资产投资情况

主体	固定资产投资额（百万卢布）	同比增长（%）	各资金来源的占比（%）			
			自有资金	借贷资金	其中	
					预算资金	其中联邦预算资金
俄罗斯联邦	16418.5*	5.9	56.3	43.7	17.8	8.7
伏尔加河沿岸联邦区	2189727.3	4.3	60.5	39.5	24.4	17.2
巴什科尔托斯坦共和国	277749.4	-1.2	66.8	33.2	19.1	9.3
马里埃尔共和国	25035.6	2.2	52.2	47.8	24.7	17.7
莫尔多瓦共和国	33760.1	2.5	65.1	34.9	26.9	21.8
鞑靼斯坦共和国	538502.9	6.0	57.3	42.7	26.1	19.1
乌德穆尔特共和国	87329.4	9.3	80.8	19.2	11.1	5.2
楚瓦什共和国	53277.2	8.5	24.8	75.2	60.6	55.3
彼尔姆边疆区	218185.4	2.8	79.0	21.0	12.1	3.4
基洛夫州	53386.6	-3.4	61.8	38.2	17.2	8.7
下诺夫哥罗德州	254894.2	6.4	44.0	56.0	44.9	39.2
奥伦堡州	140078.4	0.2	78.3	21.7	7.3	3.8
奔萨州	62002.9	-8.5	54.8	45.2	22.2	14.7
萨马拉州	266911.2	4.9	55.2	44.8	29.0	20.2
萨拉托夫州	111154.3	8.7	62.0	38.0	13.7	6.1
乌里扬诺夫斯克州	67459.8	8.4	51.2	48.8	15.2	10.3

注：*俄罗斯联邦固定资产投资额单位为亿卢布。

资料来源：根据俄罗斯联邦国家统计局数据整理，https：//rosstat. gov. ru/folder/11109/document/13260。

① http：//pfo. gov. ru/press/events/107630/.

总体来看，伏尔加河沿岸联邦区在工业、住房和建筑以及交通设施方面的投资有所增加，其中政府的刺激措施发挥了重要作用。但是，由于固定资产再生产的长期问题，目前所达到的投资水平无法弥补固定资产的严重折旧。

（五）伏尔加河沿岸联邦区公共财政总体上处于可持续状态

2021 年和 2022 年，根据《俄罗斯联邦预算法》第 107 条，俄罗斯联邦财政部按照俄罗斯联邦政府 2020 年 3 月 4 日第 227 号决议规定的程序对俄罗斯各联邦主体的债务可持续性进行了评估。俄罗斯政府的相应法令已经批准了评估方法，其中包括 4 个指标：一是公共债务数额与预算收入总额的比率，不包括不可偿还的收入；二是公共债务偿还支出占地区预算支出总额的比重，不包括预算补助金的支出；三是每年用于偿还公共债务的金额与预算税收和非税收收入的比率；四是短期贷款占公共债务的比重。[①]

根据 2022 年债务可持续性的评估结果，俄罗斯各联邦主体被划分为 3 类，分别是债务可持续性高、债务可持续性中等以及债务可持续性低。具体到伏尔加河沿岸联邦区，莫尔多瓦共和国和乌德穆尔特共和国被列入债务可持续性低的地区；债务可持续性中等的联邦主体包括基洛夫州、下诺夫哥罗德州、

① https://regnum.ru/news/economy/3390051.html.

奔萨州、彼尔姆边疆区、马里埃尔共和国、萨拉托夫州以及乌里扬诺夫斯克州；奥伦堡州、巴什科尔托斯坦共和国、鞑靼斯坦共和国、萨马拉州以及楚瓦什共和国被列入债务可持续性高的地区。对比 2021 年和 2022 年的评估结果发现，除奔萨州外，其他联邦主体的债务可持续性未发生变化，处于稳定状态，仅奔萨州由 2021 年的债务可持续性中等转变为 2022 年的债务可持续性高（见表 2-4）。

表 2-4　2021 年和 2022 年伏尔加河沿岸联邦区各联邦主体的债务可持续性

联邦主体	2021 年	2022 年
巴什科尔托斯坦共和国	高	高
马里埃尔共和国	中等	中等
莫尔多瓦共和国	低	低
鞑靼斯坦共和国	高	高
乌德穆尔特共和国	低	低
楚瓦什共和国	高	高
彼尔姆边疆区	中等	中等
基洛夫州	中等	中等
下诺夫哥罗德州	中等	中等
奥伦堡州	高	高
奔萨州	中等	高
萨马拉州	高	高
萨拉托夫州	中等	中等
乌里扬诺夫斯克州	中等	中等

资料来源：https：//minfin. gov. ru/ru/document/？ id_ 4 = 300469&ysclid = ldl38sdrpa245489775。

2022 年上半年，伏尔加河沿岸联邦区的综合预算为盈余，这与俄罗斯联邦的盈余状态一致。同时，联邦区内 14

个联邦主体的综合预算变动情况并不完全一致（具体见表2-5）。

表 2-5　2021 年上半年和 2022 年上半年俄罗斯联邦与伏尔加河沿岸联邦区综合预算情况

单位：亿卢布

主体	2021 年上半年			2022 年上半年		
	收入	支出	盈余	收入	支出	盈余
俄罗斯联邦	7507.24	7060.57	446.67	9367.88	8205.90	1161.98
伏尔加河沿岸联邦区	1042.47	991.24	51.23	1267.71	1151.02	116.69
巴什科尔托斯坦共和国	118.21	124.62	-6.41	149.25	145.91	3.34
马里埃尔共和国	23.08	22.70	0.38	27.58	26.95	0.63
莫尔多瓦共和国	25.43	25.02	0.41	29.00	27.80	1.20
鞑靼斯坦共和国	170.92	163.55	7.37	230.54	194.80	35.74
乌德穆尔特共和国	50.66	54.12	-3.46	54.20	56.41	-2.21
楚瓦什共和国	37.71	34.89	2.82	41.80	37.65	4.15
彼尔姆边疆区	103.58	88.76	14.82	127.30	108.66	18.64
基洛夫州	40.80	37.96	2.84	47.27	43.85	3.42
下诺夫哥罗德州	117.96	114.31	3.65	146.41	136.19	10.22
奥伦堡州	66.69	59.02	7.67	78.62	70.31	8.31
奔萨州	37.16	35.14	2.02	42.02	40.46	1.56
萨马拉州	141.84	119.25	22.59	168.65	138.73	29.92
萨拉托夫州	70.60	69.51	1.09	81.87	78.54	3.33
乌里扬诺夫斯克州	37.84	42.41	-4.57	43.18	44.76	-1.58

资料来源：https://uiec.ru/wp-content/uploads/2022/11/el_Бюллетень_ПривФО_05_2022.pdf。

与 2021 年上半年相比，2022 年上半年，除奥伦堡州和奔萨州外，其他联邦主体的综合预算收入增长率均超过了综合预算支出增长率。综合预算收入增长率最高的是鞑靼斯坦共和国（34.88%），最低的是乌德穆尔特共和国（6.99%）。4个联邦主体（巴什科尔托斯坦共和国、鞑靼斯坦共和国、彼尔姆边疆区、下诺夫哥罗德州）的综合预算收入增长率高于伏尔加河沿岸联邦区的平均水平，其余10个联邦主体的综合预算收入增长率较低。另外，伏尔加河沿岸联邦区大部分联邦主体的综合预算呈盈余状态，仅有乌德穆尔特共和国和乌里扬诺夫斯克州呈小幅亏损状态。

2022年上半年，伏尔加河沿岸联邦区几乎所有联邦主体（除了乌里扬诺夫斯克州）的税款、征费和其他强制性支付都有所增加。2022年上半年，伏尔加河沿岸联邦区整体的收入增长38.5%，高于俄罗斯联邦平均水平（32.0%）。应该指出的是，在伏尔加河沿岸联邦区，联邦税的收入增长（47.9%）比地区税的收入增长（23.8%）快。大多数联邦主体（马里埃尔共和国、乌德穆尔特共和国、彼尔姆边疆区、下诺夫哥罗德州、奥伦堡州、奔萨州、萨马拉州、萨拉托夫州）有类似情况。税款、征费和其他强制性支付增长率最高的是彼尔姆边疆区（72.0%），增长率较低的是奔萨州（3.1%）和乌里扬诺夫斯克州（-4.0%）。10个联邦主体的收入增长率低于整个伏尔加河沿岸联邦区的收入增长率，分别是巴什科尔托斯坦共和国（9.7%）、莫尔多瓦共和国（14.6%）、鞑靼斯坦共和国（31.6%）、楚瓦什共和国（13.6%）、基洛夫州（6.9%）、下诺夫哥罗德州（30.0%）、奔萨州（3.1%）、萨马拉州（38.0%）、萨拉托夫州（15.8%）和乌里扬诺夫斯克州（-4.0%）；同时，有4个地区的收入增长率较高，分别是马里埃尔共和国（42.7%）、乌德穆尔特共和国（49.3%）、彼尔姆边疆区（72.0%）和奥伦堡州（67.0%）。收入增长率最高的彼尔姆边疆区与增长率最低的乌里扬诺夫斯克州间相去甚远。

伏尔加河沿岸联邦区预算体系中的欠税、保险费、罚金和税收罚款形成的债务总额增长率（33.2%）高于俄罗斯联邦的平均水平（22.2%）。拖欠税款总额的增加与联邦税款拖欠的增长有关，而地区税款拖欠的增长率较低，这是伏尔加河沿岸联邦区所有联邦主体的典型特征。其中，有11个联邦主体的债务总额增长率低于联邦区整体水平，分别是巴什科尔托斯坦共和国（14.3%）、马里埃尔共和国（-28.2%）、莫尔多瓦共和国（1.8%）、鞑靼斯坦共和国（24.7%）、楚瓦什共和国（3.3%）、彼尔姆边疆区（-1.3%）、基洛夫州（-7.8%）、下诺夫哥罗德州（12.6%）、萨马拉州（19.8%）、萨拉托夫州（31.4%）和乌里扬诺夫斯克州（5.5%）。同时，有3个联邦主体的债务总额增长率高于联邦区整体水平，分别是乌德穆尔特共和国（225.8%）、奥伦堡州（144.0%）和奔萨州（65.2%）。

（六）价格水平呈上升趋势

2022年上半年，伏尔加河沿岸联邦区的通货膨胀率呈上升趋势，主要原因是西方国家对俄罗斯实施制裁，以及美元上涨、物流问题、国际汇款和许多外国供应商与制造商从俄罗斯市场撤出。同时，由于俄罗斯生产对进口的依赖，制裁产生的影响得到放大。

如表2-6所示，2022年12月，伏尔加河沿岸联邦区的工业品生产者价格指数略高于俄罗斯平均水平（96.7%），为98.1%。联邦区内工业品生产者价格指数较高的是乌里扬诺夫斯克州（115.5%）、楚瓦什共和国（115.4%）和下诺夫哥罗德州（109.5%）。造成这一增长的原因可能是2022年上半年卢布贬值，这进一步降低了这些地区机械制造行业的进口部件供应，刺激了通货膨胀，同时居民收入下降，汽车价格大幅上涨。

2022年12月，全俄农产品生产者价格指数与上年同期相比有所下降（95.9%），伏尔加河沿岸联邦区为96.1%，且联邦区内各联邦主体的农产品生产者价格指数均呈下降趋势，这是因为在农业生产增长的背景下，政府支持农工综合体发展，农业生产成本下降。另外，在制裁加剧的情况下，物流状况恶化，因此，畜牧业生产者的进口饲料添加剂、兽药和设备的成本上升，进而刺激了某些类型肉类和原奶的价格上涨。原材料价格和包装加工费用的上涨促进了肉类产品（香肠、法兰克福面包、碎肉）和乳制品（酸奶油、奶酪和松软干酪）的年度价格上涨。与此同时，卢布升值和政府为支持畜牧业而采取的限制谷物和豆粕出口的措施发挥了关键作用，从而导致猪肉价格下降。

2022年12月，伏尔加河沿岸联邦区的居民消费价格指数达到111.9%（2021年12月为108.6%），俄罗斯联邦整体为111.9%（2021年12月为108.4%）。居民消费价格指数的快速增长与基本食品的生产成本增加、商品和服务的减少、物流问题以及家庭收入的下降有关。

表 2-6　2021 年 12 月和 2022 年 12 月俄罗斯联邦和伏尔加河沿岸联邦区的价格指数（相比上年同期,%）

主体	工业品生产者价格指数		农产品生产者价格指数		居民消费价格指数	
	2021 年	2022 年	2021 年	2022 年	2021 年	2022 年
俄罗斯联邦	128. 5	96. 7	113. 6	95. 9	108. 4	111. 9
伏尔加河沿岸联邦区	129. 1	98. 1	113. 7	96. 1	108. 6	111. 9
巴什科尔托斯坦共和国	121. 2	94. 0	114. 9	95. 7	108. 7	111. 3
马里埃尔共和国	117. 9	108. 2	122. 9	103. 1	107. 8	113. 0
莫尔多瓦共和国	117. 0	108. 2	110. 1	101. 6	107. 8	110. 8
鞑靼斯坦共和国	133. 6	93. 6	113. 3	100. 0	108. 7	111. 4
乌德穆尔特共和国	128. 6	93. 7	114. 7	103. 0	108. 7	112. 8
楚瓦什共和国	112. 5	115. 4	108. 0	98. 7	108. 9	112. 2
彼尔姆边疆区	140. 9	90. 1	118. 5	107. 7	108. 9	112. 4
基洛夫州	121. 1	103. 7	110. 1	108. 3	109. 2	112. 5
下诺夫哥罗德州	122. 4	109. 5	109. 3	98. 1	108. 1	111. 5
奥伦堡州	154. 9	99. 8	119. 8	81. 1	108. 6	112. 0
奔萨州	119. 8	104. 0	107. 4	93. 7	108. 3	112. 4
萨马拉州	130. 1	93. 7	124	84. 1	108. 8	112. 7
萨拉托夫州	118. 7	101. 0	110. 7	87. 3	108. 7	111. 3
乌里扬诺夫斯克州	113. 2	115. 5	111. 8	91. 6	108. 8	113. 5

资料来源：https：//uiec. ru/wp-content/uploads/2022/07/Бюллетень_ 2022_ ПрФО_ el-1. pdf？ysclid=ler0yu8l8c450180786。

二　伏尔加河沿岸联邦区经济发展存在的问题

尽管伏尔加河沿岸联邦区有着较好的经济社会发展条件，

但是，与2008年经济危机后整个俄罗斯所遭遇的经济滑坡一样，伏尔加河沿岸联邦区的发展也面临种种不利条件。投资、消费和出口是推动经济发展的三股重要力量，本节将由此切入，梳理伏尔加河沿岸联邦区经济发展的症结。

（一）投资：仍处于“投资饥渴”状态

投资是拉动经济增长的重要引擎。在全球抢抓制造业数字化、智能化转型机遇这一关键时期，投资活动不足已经成为进一步提升伏尔加河沿岸联邦区企业技术和生产水平的重要阻碍。同时，经济主体的投资活动通常与地区宏观经济运行状况密切相关，包括商业活动总体水平、投资和融资成本、科学和教育发展水平、政治稳定性等因素。当前，除鞑靼斯坦共和国外，伏尔加河沿岸联邦区的大部分地区，由于投资环境差、吸引投资能力有限，正处于投资需求强烈但实际投资不足的“投资饥渴”状态，这一状态直接表现为经济增长的内部动力不足。地区缺乏投资，导致技术、产业更新换代滞后，从而造成制造业生产下降，影响其经济发展速度和质量。

伏尔加河沿岸联邦区“投资饥渴”状态的形成与俄罗斯整体的社会经济运行状况密切相关，在地方层面，经济危机和国际局势等不利因素导致地区预算收入和工业生产大幅下降，地区投资积极性遭到抑制，地方政府预算赤字不断增加。在这样的情况下，中央政府开始通过补贴和贷款积极援助联邦主体，但联邦中央预算资金明显不足，预算援助仅能够帮助地区生存，远不足以助其恢复经济，无法从实质上援助地方发展、扭转局面。

2022 年前 3 个季度，伏尔加河沿岸联邦区的固定资产投资额达 21897 亿卢布，与 2021 年同期相比，实现略微增长，其中吸引资金占地区固定资产总投资的比重为 39.5%，自有资金的比重为 60.5%。但是，伏尔加河沿岸联邦区的固定资产投资占全俄的比重仅为 13.3%，这一指标在 2016 年为 16.5%。2016~2022 年，地区固定资产投资占全俄的比重基本呈逐年下降趋势，反映出该地区的投资竞争力在逐渐减弱。与此同时，2022 年前 3 个季度，伏尔加河沿岸联邦区的金融投资额为 96694 亿卢布，在俄罗斯八大联邦区中排名第 5。

经过经济危机几个阶段的冲击之后，俄罗斯各地区有意从邻国吸引投资来恢复和发展经济。但从伏尔加河沿岸联邦区的情况来看，存在一些不利于改善投资环境的问题。第一，伏尔加河沿岸联邦区部分行政官员、商人以及当地居民对外国投资的重要性认识不足。对于伏尔加河沿岸联邦区来说，在联邦主体层面和城市层面存在非制度性的行政障碍，削弱了该联邦区对国外资本的吸引力。第二，伏尔加河沿岸联邦区内部分联邦主体出台了较强的贸易保护政策，明显不利于吸引境外投资。第三，联邦区内缺乏推动境外投资项目落地的制度，政府的招商意识缺位，也不利于吸引外资。地方领导人在联邦层面游说时首先争取的是个人的地位，而未有针对性地制订吸引国内外投资实现社会经济发展的长期计划。

（二）消费：居民低收入叠加小市场规模

作为经济活动的起点和落脚点，消费对增长的拉动力主要体现在消费创造新的生产需要，进而为生产提供动力和目的。有消费才会刺激生产者生产，扩大消费才会刺激生产者扩大生产，消费层次提高才会推动生产层次提高。因此，在经济增长下行压力加大时，更要突出消费对经济增长的重要作用。但是从目前伏尔加河沿岸联邦区的情况来看，需求疲软仍然是经济复苏的一个主要风险，居民的消费意愿仍有待激发。2022 年 1~9 月，伏尔加河沿岸联邦区每人每月的消费品支出为 28387 卢布，低于全俄平均水平（34461 卢布），在八大联邦区中居第 6 位，仅高于北高加索联邦区（24023 卢布）和西伯利亚联邦区（26899 卢布）。

居民收入水平是影响消费支出的重要因素。在人均现金收入方面，2022 年前 3 个季度，伏尔加河沿岸联邦区的人均现金收入分别为 29241 卢布、34597 卢布和 35019 卢布，与 2021 年同期相比，分别增加了 11.9%、15.7%和 11.4%，增速与全俄平均水平基本持平，但总量居八大联邦区第 7 位，仅高于北高加索联邦区。同时，平均工资水平是伏尔加河沿岸联邦区众多联邦主体的“软肋”。就这一指标而言，2022 年 1~9 月，仅鞑靼斯坦共和国、彼尔姆边疆区、巴什科尔托斯坦共和国和萨马拉州超过了伏尔加河沿岸联邦区的平均水平（44722 卢布）。其中，平均工资较低的是莫尔多瓦共和国和马里埃尔共和国，均低于 39000 卢布。与 2021 年同期相比，2022 年 1~9 月，各联邦主体的平均工资水平均呈正向增长。但由于存在较为明显的通货膨胀，将名义工资调整为实际工资之后，大多数联邦主体的实际工资水平呈下降趋势，仅鞑靼斯坦共和国、莫尔多瓦共和国、巴什科尔托斯坦共和国呈微弱增长趋势（见表 2-7）。

表 2-7　2022 年 1~9 月俄罗斯联邦和伏尔加河沿岸联邦区的平均工资情况

主体	按名义价格		按实际价格，相比上年同期（%）
	金额（卢布）	相比上年同期（%）	
俄罗斯联邦	61794	112.6	98.5
伏尔加河沿岸联邦区	44722	113.4	98.7
巴什科尔托斯坦共和国	46827	115.6	100.2
马里埃尔共和国	38526	113.1	98.6
莫尔多瓦共和国	38203	113.7	100.5
鞑靼斯坦共和国	50126	116.7	101.7
乌德穆尔特共和国	43417	115.6	100.0
楚瓦什共和国	39411	114.8	99.5
彼尔姆边疆区	49650	111.8	96.8
基洛夫州	39104	111.5	96.7
下诺夫哥罗德州	44599	112.1	98.5
奥伦堡州	41955	112.7	97.7
奔萨州	39821	111.1	96.5
萨马拉州	45902	110.6	96.4
萨拉托夫州	40782	111.7	97.7
乌里扬诺夫斯克州	39486	110.9	96.3

资料来源：根据俄罗斯联邦国家统计局数据整理，https：//rosstat.gov.ru/folder/11109/document/13260。

除居民收入水平低之外，伏尔加河沿岸联邦区也缺乏需求旺盛的消费市场，直观体现在联邦区内常住人口的下降。截至2021年底，伏尔加河沿岸联邦区的常住人口数量约为2882.4万人，占俄罗斯联邦总人口的19.8%。与2020年相比，2021年伏尔加河沿岸联邦区的常住人口数量减少了23.2万人，降幅为0.8%，同期俄罗斯联邦的常住人口数量降幅为0.4%。同时，联邦区内所有联邦主体都出现了常住人口下降的现象，其中莫尔多瓦共和国、奔萨州和萨拉托夫州的人口下降幅度最大，均为1.3%，鞑靼斯坦共和国的人口下降幅度最小，为0.2%。目前在联邦区内，人口最多的地区为巴什科尔托斯坦共和国，其拥有的人口数量为400.1万人，其次为鞑靼斯坦共和国（388.7万人）和下诺夫哥罗德州（314.1万人）。[①]

综合来看，伏尔加河沿岸联邦区总体人口状况的特点主要是：生活水平下降和社会政治环境不稳定导致联邦区总体人口出生率下降，新冠疫情给卫生系统带来的负担增加以及卫生系统长期资金不足导致总体人口死亡率上升，这两个负面影响的后果便是人口的自然减少。尽管较高的移民率能够缓解伏尔加河沿岸联邦区内的人口下降，但无法从根本上扭转总体人口下降这一趋势。人口规模决定了各地区的发展潜力，也是经济活动的基础。人口规模越大，潜在的消费市场越大。然而，当前

① 根据俄罗斯科学院数据整理，https：//uiec. ru/wpcontent/uploads/2022/07/Бюллетень_ 2022_ ПрФО_ el1. pdf？ ysclid=ler0yu8l8c450180786。

伏尔加河沿岸联邦区的人口呈负增长状态，消费市场或将进一步缩小，不利于联邦区整体消费水平的提升。

（三）出口：对外贸易增长乏力

俄罗斯既不是像美国与欧盟那样主要依靠内需消费拉动经济的成熟经济体，也不像中国和其他新兴经济体那样，投资在经济增长中扮演着重要角色，在俄罗斯，“资源出口”驱动的经济形态并没有发生本质的变化。因此，出口对俄罗斯经济发展影响巨大。就伏尔加河沿岸联邦区而言，其内部的消费市场有限，通过出口充分利用外需是保持经济增长的可行渠道。

2021 年，俄罗斯联邦的对外贸易额达到 7873 亿美元，其中出口额为 4912 亿美元，进口额为 2961 亿美元，贸易顺差为 1951 亿美元。根据伏尔加河沿岸联邦区海关总署公布的数据，2021 年伏尔加河沿岸联邦区的对外贸易额超过 615 亿美元，相较 2020 年增加了 36. 55%，约占全俄的 7. 81%。在各联邦主体中，2021 年鞑靼斯坦共和国的对外贸易额为 175. 46 亿美元，这几乎是伏尔加河沿岸联邦区对外贸易额的 1/3，与 2020 年相比增加了 40. 76%。相比 2020 年，2021 年下诺夫哥罗德州的对外贸易额增长了 25. 64%，达到 98. 44 亿美元。2021 年，对外贸易额增长率最高的是马里埃尔共和国，高达 71. 99%，其次是彼尔姆边疆区，为 66. 35%。而在奔萨州，相比 2020 年，2021 年的对外贸易额几乎没有变化，只增加了 1. 76%。

从出口来看，2021年伏尔加河沿岸联邦区的出口额与2020年相比增加了41.8%，达到442.47亿美元。其中，增幅较大的联邦主体有马里埃尔共和国（93.10%）、彼尔姆边疆区（78.22%）、萨拉托夫州（65.05%）和基洛夫州（52.48%），只有奔萨州的出口额呈下降趋势，降幅为11.28%（见表2-8）。2021年，伏尔加河沿岸联邦区的出口商品主要包括以下商品：矿产品（38%）；冶金产品（10%）；化学产品（28.5%）；食品和农业产品（5.9%）；机械、设备和车辆（7.7%）；木材和木制品（4.7%）。与2020年相比，2021年对伏尔加河沿岸联邦区出口增长贡献最多的商品有：矿产品，增加43.0%；纺织产品，增加63%；化学产品，增加57.5%；木材和木制品，增加48.4%。2021年，伏尔加河沿岸联邦区的出口贸易伙伴包括170个国家，波兰、荷兰、白俄罗斯、哈萨克斯坦、中国、美国、德国、巴西、法国等是其主要的出口贸易国。

表2-8　2020年和2021年俄罗斯联邦和伏尔加河沿岸联邦区对外贸易情况

主体	出口额（百万美元）		出口增长率（%）	进口额（百万美元）		进口增长率（%）
	2020年	2021年		2020年	2021年	
俄罗斯联邦	337105.4	491162.6	45.70	231668.0	296094.8	27.81
伏尔加河沿岸联邦区	31203.0	44247.3	41.80	13846.6	17269.0	24.72
巴什科尔托斯坦共和国	3152.5	3715.8	17.87	927.8	901.5	-2.83
马里埃尔共和国	168.1	324.6	93.10	98.6	134.1	36.00
莫尔多瓦共和国	251.1	375.7	49.62	205.9	147.2	-28.51

续表

主体	出口额（百万美元）		出口增长率（%）	进口额（百万美元）		进口增长率（%）
	2020 年	2021 年		2020 年	2021 年	
鞑靼斯坦共和国	8825. 1	12073. 0	36. 80	3640. 3	5473. 4	50. 36
乌德穆尔特共和国	497. 2	600. 0	20. 68	358. 6	565. 3	57. 64
楚瓦什共和国	248. 5	301. 5	21. 33	291. 1	322. 1	10. 65
彼尔姆边疆区	4460. 2	7948. 8	78. 22	827. 4	847. 1	2. 38
基洛夫州	825. 3	1258. 4	52. 48	357. 4	449. 1	25. 66
下诺夫哥罗德州	4898. 0	6632. 3	35. 41	2936. 7	3211. 5	9. 36
奥伦堡州	1805. 8	2628. 6	45. 56	322. 3	295. 4	-8. 35
奔萨州	403. 5	358. 0	-11. 28	301. 5	359. 4	19. 20
萨马拉州	3801. 6	5181. 7	36. 30	2271. 3	2878. 9	26. 75
萨拉托夫州	1371. 2	2263. 2	65. 05	762. 1	955. 1	25. 32
乌里扬诺夫斯克州	494. 9	585. 7	18. 35	545. 6	728. 9	33. 60

资料来源：根据伏尔加河沿岸联邦区海关总署数据整理（https：//customs. gov. ru/statistic）。

从进口来看，2021 年伏尔加河沿岸联邦区的进口额与 2020 年相比增加了 24. 72%，达到 172. 69 亿美元。其中，增幅较大的联邦主体有乌德穆尔特共和国（57. 64%）和鞑靼斯坦共和国（50. 36%），而莫尔多瓦共和国、奥伦堡州和巴什科尔托斯坦共和国的进口额分别下降了 28. 51%、8. 35% 和 2. 83%。联邦区内进口的货物主要有：机械、设备和车辆；化学产品；金属、宝石及其制品；制成品和农业原材料。与 2020 年相比，2021 年进口增长速度最快的商品是皮革制品、毛皮制品，增长 89%；其次是矿产品，增长 49. 9%；再次是制成品和农业原材料（不包括纺织品），增长 31.0%；其他商品的增速则超过 20%。2021 年，伏尔加河沿岸联邦区的进口贸易伙伴包括 153 个国家，其中，中国、德国、白俄罗斯、意大利、美国、法国、土耳其、日本、印度尼西亚等是其主要的进口贸易国。

综合来看，目前在贸易额和贸易结构方面，伏尔加河沿岸联邦区未能展现良好的发展势头。2016~2021 年，虽然伏尔加河沿岸联邦区的对外贸易额大致呈增长趋势，但是其占全俄出口额的比重接连降低，出口额占比由 10.97%下降至 9.01%，进口额占比则始终徘徊在 7%以下（见图 2-3）。同时，从伏尔加河沿岸联邦区的出口结构来看，存在初级产品多、高附加值商品少、经济效益差、易受制于人、缺少发展后劲等诸多问题，难以支撑伏尔加河沿岸联邦区的贸易增长。

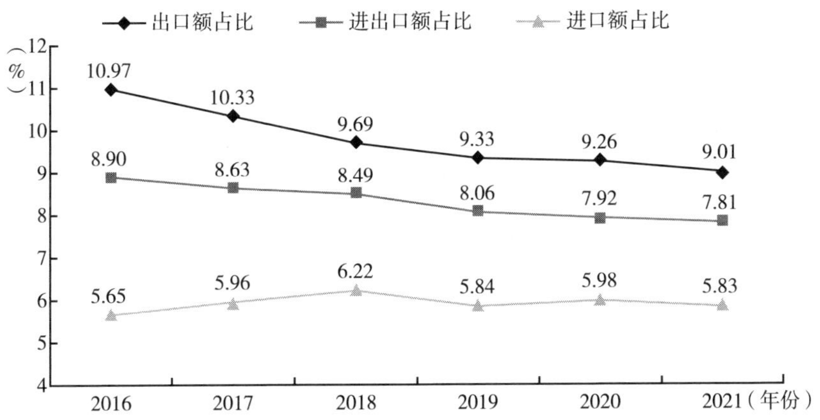

图 2-3　2016~2021 年伏尔加河沿岸联邦区进出口贸易额占全俄比重

资料来源：根据俄罗斯联邦统计局数据整理，https：//rosstat. gov. ru/storage/mediabank/Reg_ sub21. pdf，https：//rosstat. gov. ru/statistics/vneshnyaya_ torgovlya。

三　伏尔加河沿岸联邦区的经济发展展望

前文阐述了伏尔加河沿岸联邦区的经济发展现状和发展过程中暴露出的问题，在此基础上，本节将对伏尔加河沿岸联邦区的经济发展趋势进行展望。明确影响伏尔加河沿岸联邦区未来经济发展的重要因素，研判各影响因素的发展情况，进而分析伏尔加河沿岸联邦区的经济发展前景。结合伏尔加河沿岸联邦区所处的国际、国内环境，笔者认为，俄乌冲突的局势演变、伏尔加河沿岸联邦区的营商环境建设、“两河流域”合作机制的升级是影响伏尔加河沿岸联邦区未来经济发展前景的三大因素，具体分析如下。

（一）俄乌冲突局势演变的影响不容忽视

伏尔加河沿岸联邦区作为俄罗斯联邦内较为发达的联邦区，经济发展在很大程度上依赖俄罗斯的经济大环境，因此未来发展形势与俄罗斯面临的发展境况息息相关。近年来，俄罗斯的经济下行压力不断增大。2008 年的金融危机对俄罗斯经济造成了一定的影响，2014 年以美国为首的西方国家对俄罗斯的经济制裁使石油价格大幅下跌，而俄罗斯联邦政府收入的近一半来自油气销售，因此油价下跌对俄罗斯经济造成严重打击，卢布严重贬值，国家债务规模不断扩大。直到 2017 年，俄罗斯的国内生产总值才在连续三年下跌后首度出现小幅回升。此后两年，俄罗斯经济缓慢复苏，宏观经济呈低速增长态势。2020 年尽管受新冠疫情影响，俄罗斯经济有所滑坡，但其基本面并未受到损害，因此俄罗斯经济在 2021 年显著回升。2022 年 2 月，俄乌冲突爆发，逆转了俄罗斯强劲的经济复苏势头。在此期间，西方国家针对俄罗斯实行了多轮制裁，涉及实体、金融、投资、能源、国防、科技、运输等领域，严重影响了俄罗斯的经济发展。未来，俄乌冲突的局势演变仍然是影响俄罗斯发展的关键变量。

将目光转回至伏尔加河沿岸联邦区，若俄乌冲突能够在较短时期内得到和平化解，那么伏尔加河沿岸联邦区将面临相对稳定的国内和国际环境，有望实现经济的进一步发展。反之，若俄乌冲突持续，动荡不安的国际局势将会增加伏尔加河沿岸联邦区的发展难度，未来的发展形势不容乐观。

（二）优化伏尔加河沿岸联邦区的营商环境仍是增强投资吸引力的抓手

俄罗斯高等经济大学教授祖巴列维奇认为，俄罗斯各地区的未来发展前景，主要是由一系列基本因素决定的。克鲁格曼等在“新经济地理”理论中，划分了两类基本因素。在研究者们看来，决定俄罗斯地区发展的“第一自然因素”有：①能够保障市场需求的自然资源（矿物资源、土地资源及其他）；②有利的地理位置（包括邻近全球贸易通道），可以节约运输成本，便利创新传播。决定俄罗斯地区发展的

“第二自然因素”包括：①集聚效应与人口的高密度，有利于形成规模经济；②发达的基础设施，有助于缩短经济距离，这对于地域广袤的俄罗斯而言尤为重要；③人力资本（包括教育、健康、劳动力、人口流动性等方面）；④能够改善营商环境的制度因素、人口流动性的提高、创新的传播等。

从伏尔加河沿岸联邦区来看，得益于其优越的地理位置，伏尔加河沿岸联邦区内的自然资源非常丰富，联邦区内有大片未开发的原始森林和阔叶林带，也有大面积的草原。同时，其拥有俄罗斯13%的石油储量，伏尔加-乌拉尔油田是俄罗斯的主要产油区之一，其中有1个巨型油田（罗马什金油田）和2个大型油田。因此，在上述一系列基本因素中，“第一自然因素”中的自然资源和地理位置已是伏尔加河沿岸联邦区确定且有利的发展因素，有必要从“第二自然因素”中找寻伏尔加河沿岸联邦区未来的经济增长点。如前所述，伏尔加河沿岸联邦区有着强烈的投资意愿，但是大多数联邦主体的投资环境较差，吸引投资的能力有限，“投资饥渴”导致的经济发展内部动力不足是目前伏尔加河沿岸联邦区发展存在的最大障碍。叠加目前尚不明朗的国际局势，地区从联邦中央得到帮助的希望很小。因此，笔者认为优化联邦区内的营商环境、大力吸引国外投资是打破伏尔加河沿岸联邦区“投资饥渴”困境的重要途径，也是伏尔加河沿岸联邦区在中短期内实现经济增长的发力点。

营商环境是一个区域内影响市场主体活动的综合环境，良好的营商环境能够显著降低市场中存在的制度性成本，促进不同市场主体公平地获取生产要素，实现生产要素的市场化配置，因此营商环境的优化已经成为吸引国外投资的“磁石”。在跨境投资中，作为投资方，地区的基础设施建设情况、行业准入规则、税费缴纳政策、市场竞争环境等都是需要考虑的因素。由完善的基础设施、完备透明的行业准入规则、优惠的税费缴纳政策、良性的市场竞争环境等形成的良好营商环境，都将加大地区对资本的吸引力。

世界银行发布的《全球营商环境报告》显示，俄罗斯营商环境排名由 2013 年的第 112 位前进至 2020 年的第 28 位，整体营商环境已经得到大幅改善。但不容忽视的是，中央联邦区在吸引国外资本方面具有绝对的优势，绝大多数的国外资本流向了中央联邦区。同时，东西伯利亚、萨哈林和亚马尔-涅涅茨等油气开采地区对资本的吸引力也逐渐加大。可见，俄罗斯整体营商环境的改善，并不能确切地表明伏尔加河沿岸联邦区营商环境的改善。

未来，伏尔加河沿岸联邦区应将优化营商环境作为增强投资吸引力的抓手，逐步走出“投资饥渴”困境，具体可从以下几个方面入手。在基础设施方面，联邦区各主体应加强基础设施联通，加紧建设区域内高效便捷的物流体系，提高境内物流和基础设施的现代化水平，提高联邦区内的物流运转效率。在政策法规方面，完善投资市场准入机制，简化行政审批手续，让外资企业能够轻装上阵，真正做到为外资企业的进入减少阻碍。同时，联邦区各地方当局有关部门应加大市场执法力度，做到公平、公正执法，市场监督机构要切实发挥监督职能，打消外方投资者的顾虑。俄罗斯联邦和联邦区地方当局应做到职权明确，使国外投资者能够得到明确的法律保障。联邦区还应努力推出优惠政策，如在联邦和地区立法框架内为外国投资者提供税收优惠、补偿贷款利率等，加大对国外投资者的市场吸引力。

（三）中俄“两河流域”区域合作的升级是伏尔加河沿岸联邦区的一个经济增长点

2013 年 5 月 14 日，首届中国长江中上游地区与俄罗斯伏尔加河沿岸联邦区地方领导人座谈会在武汉举行，会议宣布“长江-伏尔加河”（以下简称“两河流域”）区域合作机制正式启动。作为中俄首个非毗邻区域合作机制，“两河流域”区域合作范围覆盖中国长江中上游地区的四川、湖南、湖北、江西、安徽和重庆六省（市）及俄罗斯伏尔加河沿岸联邦区的 14 个联邦主体。历经酝酿商讨、深入推进和稳定发展阶段，2016 年 7 月，合作理事会首次会议召开，双方签订《中国长江中上游地区和俄罗斯伏尔加河沿岸联邦区地方合作理事会条例》，这标志着该合作机制进入全面实施阶段。

在过去几年间，双方的投资合作进程虽在一定程度上受到新冠疫情和国际形势的影响，投资难度大，但投资活动从未中断。2022 年 1 月，四川铁投现代农业发展股份有限公司计划投资 10 亿元人民币，在鞑靼斯坦共和国建立乳制品厂；2021 年 7 月，中俄两国讨论联合投资项目“四川-楚瓦什”农业园的落实情况；2021 年 9 月，江西省发改委同意江西远洋威利实业有限公司在巴什基尔托斯坦共和国投资建设年产 1200 万平方米的新型纤维水泥板厂；2020 年 11 月，四川金象赛瑞化工股份有限公司计划投资 3.3 亿美元在鞑靼斯坦共和国建厂生产化肥；2020 年 3 月，奔萨州 1000 吨非转基因菜籽运抵重庆。

一个更为典型的例证：巴什基尔苏打公司是俄罗斯伏尔加河沿岸联邦区的一家大型化工集团，自 2022 年春季起，比利时停止向该公司供应聚合催化剂，该公司经理表示已经收到中国厂商生产的第一批聚合催化剂，并且完全可以替代比利时生产的相关产品，中国厂商作为其新的合作伙伴，顺利帮助该公司克服了这一难题。以小见大，面对俄乌冲突引致的西方国家的一系列制裁行为，俄罗斯与中国的贸易往来越发频繁。在此背景下，“两河流域”区域合作机制无疑为俄罗斯伏尔加河沿岸联邦区与中国的贸易合作提供了更加坚实稳固的基础。对伏尔加河沿岸联邦区而言，应牢牢把握“两河流域”区域合作机遇，对内加大力度吸引中方投资，对外加快开拓中国市场，推动投资与贸易领域的发展。

在中俄双方的共同努力下，中俄“两河流域”区域合作已经初见雏形，并取得较为丰硕的合作成果，但并未完全成型，处于向深度合作转型的关键阶段，也面临一些困难与挑战。未来，若能进一步升级中俄“两河流域”区域合作机制，比如建立更高级的地方领导人单独定期对话与会晤机制、相互设置常设代表机构、制定两地之间详细的合作规划和专项合作意见等，将会进一步助力两地的经济发展，把握“两河流域”区域合作机遇，尤其能够成为伏尔加河沿岸联邦区的一个经济增长点。

（四）伏尔加河沿岸联邦区的经济发展前景仍不容乐观

伏尔加河沿岸联邦区的经济发展前景与俄罗斯的未来发展密切相关，即从根本上取决于俄罗斯的发展韧性。2022 年是俄罗斯经济在强势复苏进程中的转折点，经济再次出现衰退。俄罗斯经济在面对西方制裁时表现出的韧性要强于预期，2022 年俄罗斯的国内生产总值仅萎缩 2.1%。国际货币基金组织认为，得益于油气价格居高不下，以及俄罗斯对发展中国家的能源出口保持稳定，加之俄罗斯应对制裁而出台的一系列稳经济政策措施发挥了作用，国内需求也表现出一定的韧性，俄罗斯经济比预期更好地经受住了西方制裁的冲击。俄罗斯科学院经济预测研究所的经济学家解释了 2022 年俄罗斯“经济成绩出人意料”的原因，认为是一些发展中国家成为俄罗斯更可靠的贸易伙伴，在农业、制药、军工以及燃料和能源联合体等领域填补了西方退出后的市场，从而减弱了制裁对俄罗斯经济所造成的伤害。

世界银行在 2023 年 1 月预测俄罗斯经济将在 2023 年萎缩

3.3%，并在一年后恢复增长（1.6%）。国际货币基金组织预测俄罗斯2023年的经济增速将为-2.3%，且认为在2024年不会出现明显反弹。俄罗斯国内机构对俄罗斯经济发展的预期较乐观。俄罗斯经济发展部在2022年秋季预计2023年俄罗斯经济将萎缩0.8%。2023年2月，俄罗斯央行宏观经济调查结果显示，2023年的经济增速预期为-1.5%，相较于2022年12月的调查结果预期（-2.4%）有明显提高。但也有一些机构指出2023年俄罗斯经济的发展存在不确定性。俄罗斯《独立报》预测俄罗斯经济既有下降2%的"较好前景"，也可能出现下降7%的"困难局面"。该报认为，"即将到来的俄罗斯经济衰退"的程度取决于3个因素，即是否会出现全球危机，西方对俄罗斯的制裁是否会升级，以及俄罗斯政府的经济政策是否会从"稳定"转向"刺激"。

综合来看，俄罗斯经济在2021年扭转了2020年的危机，实现了约5%的恢复性增长，展现出俄罗斯经济存在较强的韧性。因此，笔者认为，2023年俄罗斯经济将会保持约2%的恢复性增长，但在2024年保持继续增长的压力较大，仍需俄罗斯政府从根本上缓解通胀高位、卢布走弱、财政赤字等带来的各种问题。同时，笔者认为，未来伏尔加河沿岸联邦区的经济发展趋势与整个俄罗斯相似，且2023年的经济增速将略低于俄罗斯联邦整体。在联邦区内，巴什科尔托斯坦共和国和鞑靼斯坦共和国有相当强大的"安全垫"，并在莫斯科具有影响力较大的游说团体，这些地区的主要经济指标不会明显下降。在乌德穆尔特州、乌里扬诺夫斯克州、奥伦堡州、萨马拉州和下诺夫哥罗德州，机械制造、汽车制造和冶金业发达，但在目前情况下需求量不大。农业部门份额较高地区（基洛夫州和萨拉托夫州）的农业生产继续呈现积极的态势，未来预期持续向好。至于伏尔加河沿岸联邦区的外围地区，传统上包括俄罗斯联邦的深度补贴对象，如莫尔多瓦共和国和马里埃尔共和国，未来发展仍需要联邦中央的援助。除此以外，优化联邦区内的营商环境，加大对国外投资的吸引力，把握中俄合作机遇，升级“两河流域”区域合作机制，是进一步改善伏尔加河沿岸联邦区经济发展现状、缩小伏尔加河沿岸联邦区与俄罗斯联邦整体间经济增速差距的可行途径。

第三章　俄罗斯伏尔加河沿岸联邦区社会政治概况

刘青尧*

俄罗斯伏尔加河沿岸联邦区位于俄罗斯欧洲部分的东南部，是俄罗斯8个联邦区之一。本章将着重梳理各联邦主体的行政区划、政治机构、政党以及社会状况。

一　伏尔加河沿岸联邦区的政治权力机构

（一）巴什科尔托斯坦共和国

巴什科尔托斯坦共和国的权力机关系统由《俄罗斯联邦宪法》和《巴什科尔托斯坦共和国宪法》（1993年）决定。巴什科尔托斯坦共和国实行立法、行政和司法三权分立。共和国的政治权力由共和国议会、共和国首脑、共和国政府和共和国法院共同行使。

---

* 刘青尧，四川大学国际合作与交流处助理研究员，主要从事国际政治研究。

巴什科尔托斯坦共和国议会（Курултай）是共和国最高且唯一的立法（代表）机构。它是永久立法机构，由 110 名代表组成，任期 5 年。共和国法律和联邦法共同确定议会选举程序。若选入议会的代表人数达到 2/3，那么议会具有法律效力。议会常设职业代表人数定为 19 人。

共和国首脑是本地职位最高的行政官员，任期为 5 年。共和国首脑代表本地处理与俄罗斯联邦国家权力机关、其他俄罗斯联邦主体权力机关、地方自治机关和社会组织等之间的关系，同时也负责管理对外经济关系。共和国首脑由居住在本地的俄罗斯联邦公民，在普遍、平等和直接选举的基础上，以无记名投票方式选出。年满 30 周岁的俄罗斯联邦公民拥有被选举权，符合联邦法律规定的俄罗斯联邦主体最高官员职位候选人条件的，可被选为总统。首脑的行政权力受联邦法律制约。首脑合法行使权力的范围主要包括：确定共和国社会经济发展的主要方向，组建政府、管理政府活动并负责人事任命，经共和国同意任命总理，成立本地公共安全跨部门委员会等。

巴什科尔托斯坦共和国的司法权由巴什科尔托斯坦共和国宪法法院、联邦法院和治安法官行使。《俄罗斯联邦宪法》、《巴什科尔托斯坦共和国宪法》、联邦法律和巴什科尔托斯坦共和国法律等规定了共和国法院的权力和程序运作。[①]

---

① https：//bigenc. ru/geography/text/5758867.

1992 年 3 月 31 日，巴什科尔托斯坦共和国的领导人签署了联邦条约，但附有特别条款。从 2000 年起，在俄罗斯总统全权代表的工作下，其准主权国家地位逐渐被剥夺，重回俄罗斯联邦的统一宪法空间。① 巴什科尔托斯坦形成了一套特殊的权力和管理体系，但随着 21 世纪以来俄罗斯联邦中央的收权，共和国失去了相当多的主权权限。②

（二）马里埃尔共和国

马里埃尔共和国的权力机关系统是按照俄罗斯联邦国家权力体系的统一原则建立的。根据《马里埃尔共和国宪法》，马里埃尔共和国的立法、行政和司法机构相互独立。主要的权力机关有马里埃尔共和国议会、共和国首脑、共和国政府、共和国宪法法院和其他机构。首先，作为立法机关，议会享有立法权。其次，由共和国首脑、地方政府、部委和其他机关等行使行政权，管理共和国内部事务，执行相关法律条令。共和国首脑也是共和国政府的主席，是职位最高的行政官员。政府是共和国最高的行政权力机构。最后，以法院为代表的司法机构负

① 〔俄〕С. 比留科夫：《俄罗斯伏尔加联邦区社会经济发展的现状与前景》，肖辉忠译，《俄罗斯研究》2017 年第 5 期，第 18 页。

② Галлямов Р. Р. Правящие политические элиты российских республик в современном пространстве власти（на примере Башкортостана и Татарстана）；〔俄〕谢尔盖·比留科夫：《身份认同与地区政治经济发展——以俄罗斯巴什科尔托斯坦共和国为例》，肖辉忠译，《俄罗斯研究》2020 年第 2 期，第 109～110 页。

责执行司法权力，即审理和裁决各种类型的案件和纠纷。其中，共和国宪法法院（即共和国法院），受宪法监督，通过宪法法律规定的程序独立行使司法权。[①]

（三）莫尔多瓦共和国

莫尔多瓦共和国的权力机关系统是由《俄罗斯联邦宪法》和《莫尔多瓦共和国宪法》（1995 年）规定的。共和国的立法、行政和司法相互独立，主要权力机关包括莫尔多瓦共和国国家议会、共和国首脑、共和国政府等。

首先，莫尔多瓦共和国议会是本国最高立法（代表）机构。议会由 48 名代表组成，通常在不中断各自主要职务的情况下开展相应的工作。长期行使职权的代表不得担任任何其他有偿职务或从事其他有偿活动，但教学、科学和其他具有创造性的活动除外。议员的任期为 5 年。

其次，共和国首脑是莫尔多瓦共和国职位最高的行政官员。共和国首脑任期为 5 年，由居住在莫尔多瓦境内并拥有选举权的俄罗斯联邦公民在普遍、平等和直接选举的基础上以无记名投票方式选出。任何年满 30 周岁且拥有被选举权的俄罗斯联邦公民，只要符合联邦法律规定的联邦主体最高官员职位候选人条件的均可参选共和国总统，但同一人不得连续担任两届以上。除非联邦法律另有规定，否则共和国首脑须遵守专门

① http：//constitution. marsu. ru/site/page. html？ view=st6&glava=1.

为俄罗斯联邦政府成员所设立的各项限制性条款和禁令。首脑的主要任务包括：第一，保障在共和国领土上的人权、公民权利及自由、法律和秩序；第二，协调共和国国家权力执行机构与国家议会的活动；第三，在与俄罗斯联邦国家权力机构、俄罗斯联邦主体的权力机构、地方自治机构的关系中代表共和国；第四，确定共和国权力执行机构的结构；第五，建立和解散共和国各部门和其他相关执行机构，确定其组织结构和机构的雇员人数；第六，经国家议会同意，任命共和国政府主席或罢免其职务；第七，任命副主席、部长和其他行政机构负责人，或罢免他们的职务；第八，行使其他权力。

最后，莫尔多瓦共和国司法权由联邦法院和治安法官在莫尔多瓦域内行使。治安法官的任命（选举）和活动程序由共和国法律根据联邦法律确定。①

（四）楚瓦什共和国

楚瓦什共和国的权力机关系统是由《俄罗斯联邦宪法》和《楚瓦什共和国宪法》（2000 年）决定的。共和国的政治权力由共和国首脑、共和国国务委员会和内阁共同行使。

首先，国务委员会是共和国最高且唯一的立法（代表）机构，由 44 名代表组成，代表们是基于普遍、平等和直接选举的前提，经无记名投票选出，任期 5 年。常任议员人数由共

① https：//bigenc. ru/geography/text/5746181.

和国法律规定。其次，共和国首脑是本地职位最高的行政官员，也是行政权力机关的首脑，由居住在楚瓦什境内并有投票权的俄罗斯联邦公民在普遍、平等和直接的基础上以无记名投票方式选出，任期 5 年。候选人的选举资格和限制由联邦法律（2012 年）规定。最后，内阁是共和国常设最高权力执行机构，内阁主席由共和国首脑在征得国务委员会同意后任命。[①]

（五）鞑靼斯坦共和国

鞑靼斯坦共和国的权力机关系统由《俄罗斯联邦宪法》和《鞑靼斯坦共和国宪法》（1992 年）决定。根据共和国宪法，共和国的政治权力由总统、国务委员会（议会）、内阁和其他机构等共同行使。

首先，鞑靼斯坦共和国国务委员会是共和国最高立法（代表）机构，由 100 名代表组成，任期 5 年。议员的选举程序由共和国法律按照联邦法律确定，常任议员人数由共和国法律确定。

其次，共和国首脑是本地职位最高的行政官员，由共和国居民在普遍、平等和直接选举的基础上以无记名投票方式选出，任期 5 年。任何居住在鞑靼斯坦共和国、年满 30 周岁、拥有选举权并掌握鞑靼斯坦共和国官方语言的俄罗斯联邦公民，都具有被选举的资格。首脑的具体职责包括：第一，

① https：//bigenc. ru/geography/text/5453047.

确保共和国首脑与国务委员会的合作；第二，组建内阁机构，领导内阁工作，并负责人事任命；第三，决定鞑靼斯坦的内部政策和外交事务；第四，行使其他权力。作为共和国政府，内阁是共和国行使行政权力的核心机构，由总理、副总理、部长、国务委员会主席和其他共和国行政机关负责人组成。内阁部长对共和国总统负责。

最后，鞑靼斯坦的司法权由鞑靼斯坦共和国宪法法院、具有一般司法权的联邦法院、鞑靼斯坦共和国仲裁法院和治安法官行使。①

1992 年 2 月 21 日，鞑靼斯坦共和国举行全民公决，通过了新宪法，拒绝与俄罗斯联邦签署联邦条约，试图与俄罗斯形成事实上的联邦关系而不是从属关系。但是，从 2000 年起，其准主权国家地位被逐渐剥夺。不过，鞑靼斯坦共和国依然具有较大的影响力。②

（六）乌德穆尔特共和国

根据《乌德穆尔特共和国宪法》，乌德穆尔特共和国的政治权力由共和国国务委员会、共和国总统、共和国政府、共和国宪法法院、共和国治安法官等共同行使。

首先，国务委员会是乌德穆尔特共和国的最高代表、立法

① https：//bigenc. ru/geography/text/5783081.

② 〔俄〕C. 比留科夫：《俄罗斯伏尔加联邦区社会经济发展的现状与前景》，肖辉忠译，《俄罗斯研究》2017 年第 5 期，第 18 页。

和监督机构。国务委员会由乌德穆尔特居民选举产生，任期4年。国务委员会的主要工作形式是每两个月至少举行一次会议。主要职能包括：第一，通过共和国宪法及其修正案；第二，确定共和国内外政策；第三，监督经济、财政预算、金融体系等领域的立法工作。国务委员会的常设机构是主席团。

其次，总统是本地职位最高的行政官员，领导共和国政府。乌德穆尔特共和国的法律决定了共和国的组成和活动程序。总统是共和国宪法、人权、公民权利以及自由的保障者，保障法律的执行和秩序的稳定。总统由居住在乌德穆尔特境内并根据联邦法律在普遍、平等和直接选举的基础上，由拥有投票权的居住在乌德穆尔特共和国的俄罗斯联邦公民以无记名投票方式选出，任期5年。

共和国在市和区一级实行地方自治，由地方选举产生的代表在其职权范围内解决民众面临的问题。共和国城市的自治结构主要包括市杜马、市长、城市管理局以及相应的市辖区和市政区等。

最后，共和国法院负责执行俄罗斯联邦宪法、联邦法律、乌德穆尔特共和国宪法、乌德穆尔特共和国法律及其他规范性法案等。

（七）彼尔姆边疆区

《俄罗斯联邦宪法》和《彼尔姆边疆区章程》确定了本地区的权力机关系统。彼尔姆边疆区立法议会、边疆区区长、政府和其他根据《彼尔姆边疆区宪法》所成立的公权力机关共同行使政治权力。

首先，立法议会是彼尔姆边疆区最高且唯一的立法（代表）机构。立法议会由60名议员组成，议员由民众选举产生，任期5年。其次，彼尔姆边疆区区长享有行政权，负责保障政府对现行法律的执行。同时，区长负责确立边疆区的目标、活动的优先次序和行政机关结构。区长由居住在边疆区境内并有选举权的俄罗斯联邦公民选举产生（2012年的联邦法律和章程规定了选举程序与候选人需要具备的条件）。最后，政府是彼尔姆边疆区常设的最高权力执行机构，负责组建并直接管理边疆区行政机关，对边疆区区长负责。[①]

（八）基洛夫州

基洛夫州的法律体系主要包括《俄罗斯联邦宪法》、联邦宪法性法律、联邦法律、《基洛夫州宪法》以及基洛夫州的法律和其他规范性法规等。根据《基洛夫州宪法》第3条的规定，基洛夫州的权力机构包括立法议会、州长、政府，以及州政府根据本州宪法和州法律设立的其他行政机构。[②]议会由54名议员组成，在普遍、平等和直接选举的基础上以无记名投票方式选出，任期5年。常设代表人数由州法律规定。行政权由州长和地区行政机构行使。州长是由俄罗斯联

① http：//pfo.gov.ru/district/PER/.

② https：//zsko.ru/region/state-structure/.

邦总统提名并由立法议会授权的本地区最高的行政官员，负责组建并领导州政府。[①]

（九）下诺夫哥罗德州

下诺夫哥罗德州的权力机关系统是由《俄罗斯联邦宪法》和《下诺夫哥罗德州宪法》（2005 年）决定的。本州的权力机构包括立法议会、政府、州长、其他州行政机关、宪法法院和州治安法官等。

首先，立法议会是下诺夫哥罗德州最高且唯一的立法（代表）机构。议会由 50 名议员组成，由居住在该州境内并有选举权的俄罗斯联邦公民选举产生，任期 5 年。其中，25 名议员在单席位选区由选举产生；另外 25 名议员则在统一的州选举区，根据选举协会提名的候选人得票数，按比例选出。州法律规定，常设代表的人数。[②]

其次，行政权由州长和地区行政机构行使。州长（即政府主席）是由俄罗斯联邦总统提名、立法议会授权的职位最高的行政官员。州长由居住在该地区的拥有选举权的俄罗斯联邦公民，根据联邦法律，在普遍、平等和直接选举的基础上，以无记名投票方式选出。除非联邦法律另有规定，州长须遵守为俄罗斯联邦政府成员所设立的各项限制性条款和禁令，州长的任期为 5 年，不得连续担任该职务超过两届。州长在与联邦

---

① https：//bigenc. ru/geography/text/2067351.

② https：//bigenc. ru/geography/text/5773005.

权力机关、俄罗斯联邦主体的权力机关、地方自治机构的关系中代表该州。州长根据相关法律组建并领导政府（本州最高行政机构），决定政府的基本结构；负责任命包括副州长、政府副主席、部长和其他行政机构负责人等，并处理其辞职事宜等。

最后，根据《俄罗斯联邦宪法》和联邦宪法性法律，联邦法院和州治安法官按照民事、行政和刑事诉讼等程序行使司法权。州治安法官的任命应根据州法律规定的程序来进行。州法律应根据联邦法律来规定有关保障和组织该地区治安法官活动的程序。根据联邦立法，州法律可设立和废除司法区与治安法官职位。[①]

（十）奥伦堡州

奥伦堡州的权力机关系统是由《俄罗斯联邦宪法》和《奥伦堡州宪法》（2000 年）决定的。本州的权力机构体系包括最高立法机关、最高行政官员、州政府和其他权力机关。首先，立法议会是奥伦堡州常设的最高、唯一的立法机关，由 47 名代表组成，根据州立法议会代表选举法选举产生，任期 5 年。其次，州长是该州职位最高的行政官员，由居住在奥伦堡州的俄罗斯联邦公民选举产生，选举的程序和对候选人的要求由联邦法律和《奥伦堡州章程》规定。最后，州长组建本地

① https：//bigenc. ru/geography/text/5773005.

区政府，即本地区最高的权力执行机构，决定政府的基本结构。[①]

（十一）奔萨州

奔萨州的权力机关系统由《俄罗斯联邦宪法》和《奔萨州宪法》（1996 年）决定。该州权力由立法议会、州长、州政府、其他行政机构按照奔萨州的法律行使。立法议会是奔萨州常设最高、唯一的立法机构，由 36 名议员组成，经民众选举产生，任期 5 年。其中，一半议员在单席位选区选举产生，另一半议员在州选举区，根据选举协会提名的议员候选人得票数，按比例选出。州法律规定议会常设代表的数量。州长是本州职位最高的行政官员，由居住在该州的俄罗斯联邦公民选举产生。州长负责领导本州最高行政机关——州政府，并决定政府的基本结构。[②]

（十二）萨马拉州

萨马拉州的权力机关系统由《俄罗斯联邦宪法》和《萨马拉州宪法》（2006 年）决定。萨马拉州杜马、州政府和其他行政机关根据宪法和州法律行使政治权力。

首先，萨马拉州杜马是本州最高立法（代表）机关，由

① https：//bigenc. ru/geography/text/2692836.

② https：//bigenc. ru/geography/text/2710193.

50 名议员组成，其中 25 名在单席位选区选举产生，另外 25 名则在州选举区，根据选举协会提名的候选人得票数，按比例选出。萨马拉州杜马的议员由州居民选举产生，任期为 5 年，任何年满 21 周岁的俄罗斯联邦公民都具有被选为议员的资格。

其次，州长是职位最高的行政官员，由居住在萨马拉州，年满 30 周岁且享有被选举权的俄罗斯联邦公民选举产生。萨马拉州州长的任期为 5 年，不能连续担任该职位超过两个任期。州长领导州政府并决定其活动的主要方向。

最后，萨马拉州的司法权由联邦法院和本州治安法官根据《俄罗斯联邦宪法》和本州宪法性法律，通过民事、行政和刑事诉讼等程序来行使。[①]

（十三）萨拉托夫州

萨拉托夫州的权力机关系统由《俄罗斯联邦宪法》和《萨拉托夫州宪法》（2005 年）决定。萨拉托夫州杜马、州政府及其他行政机关根据宪法和州法律行使本州的政治权力。

首先，萨拉托夫州杜马是该地区最高且唯一的常设立法机构。杜马由 45 名议员组成：22 名议员在单席位选区选举产生，这些选区是根据单一代表制规范形成的；另外 23 名议员则由州选举区根据选举协会提名的候选人得票数，按比例选

① https：//bigenc. ru/geography/text/5775200.

出。议员的任期为5年。

其次，州长是萨拉托夫州职位最高的行政官员。州长由居住在萨拉托夫州，年满30周岁且享有被选举权的俄罗斯联邦公民选举产生。州长的任期为5年，不能连续担任该职位超过两届。州长负责组建政府和人事任命，管理地区政府及主要活动。

最后，根据《俄罗斯联邦宪法》和本联邦宪法性法律，联邦法院和州治安法官通过民事、行政和刑事诉讼程序行使州司法权。①

（十四）乌里扬诺夫斯克州

乌里扬诺夫斯克州的权力机关系统由《俄罗斯联邦宪法》和《乌里扬诺夫斯克州宪法》（2005年）决定。本州权力机关系统包括立法议会、州长、政府以及其他根据州宪法建立的权力机关。其中，立法议会是最高和唯一的常设立法机构，它由居住在该州境内并拥有投票权的俄罗斯联邦公民选出的36名议员组成，任期5年。州长是本州职位最高的行政官员，负责领导州政府。州长由居住在该州的俄罗斯联邦公民，根据联邦法律，在普遍、平等和直接选举的基础上以无记名投票方式选出。

---

① https://bigenc.ru/geography/text/5774499.

二 伏尔加河沿岸联邦区的社会状况

当今俄罗斯面临各种社会问题，包括收入分配差异显著、贫富矛盾加剧、贫困和失业增加等。俄罗斯潜在的社会冲突涉及民族宗教、社会经济和劳动等多个领域。同时，气候变化背景下的生态环境状况也影响地区社会经济的发展。本节将从民族与宗教、人口迁移与社会矛盾、社会犯罪、生态安全4个方面阐述当前伏尔加河沿岸联邦区的总体社会状况。

（一）民族与宗教

根据2010年的人口普查数据，在伏尔加河沿岸联邦区，可鉴别的民族共有22种。其中，俄罗斯人为主体民族，占全境总人口的66.26%；其次是鞑靼人（13.38%）、巴什基尔人（4.29%）、楚瓦什人（4.26%），莫尔多瓦人和马里人占比均超过1%（见表3-1）。

表3-1 俄罗斯民族结构及相应人数

民族	人数(人)	占比(%)
俄罗斯人	19811351	66.26
鞑靼人	3999568	13.38
巴什基尔人	1282794	4.29
楚瓦什人	1272790	4.26
莫尔多瓦人	617050	1.66

续表

民族	人数(人)	占比(%)
马里人	473015	1.58
乌克兰人	272385	0.91
哈萨克人	221047	0.74
亚美尼亚人	108774	0.36
科米-彼尔米亚克人	82979	0.28
阿塞拜疆人	80727	0.27
白俄罗斯人	62560	0.21
乌兹别克人	50523	0.17
德国人	48211	0.16
塔吉克人	33463	0.11
吉卜赛人	28270	0.09
犹太人	20968	0.07
摩尔达维亚人	15548	0.05
格鲁吉亚人	13534	0.05
朝鲜人	12215	0.04
车臣人	11828	0.04
列兹金人	10636	0.04
其他	771435	4.98

资料来源：http：//www.gks.ru/free_ doc/new_ site/perepis2010/croc/perepis_ itogi1612.htm。

生活在伏尔加河沿岸联邦区的5个联邦主体，其各自的民族结构有所差异。在巴什科尔托斯坦共和国，俄罗斯人占比最高，紧随其后的是巴什基尔人和鞑靼人。在楚瓦什共和国，楚瓦什人是主体民族，其次是俄罗斯人和鞑靼人。在鞑靼斯坦共和国，鞑靼人是主体民族，其次是俄罗斯人和楚瓦什人。在基洛夫州，俄罗斯人占绝大部分，达到91.9%，鞑靼人和马里人分别占2.8%和2.3%。与基洛夫州相似，下诺夫哥罗德州的俄罗斯人也占绝大多数，比重高达95.1%，鞑靼人和莫尔多瓦人分别占1.4%和0.6%（见表3-2）。

表3-2　伏尔加河沿岸联邦区5个联邦主体的主要民族

单位：%

联邦主体	主要民族					
	俄罗斯人	巴什基尔人	鞑靼人	楚瓦什人	马里人	莫尔多瓦人
巴什科尔托斯坦共和国	36.1	29.5	25.4	—	—	—
楚瓦什共和国	26.9	—	2.8	67.7	—	—
鞑靼斯坦共和国	39.7	—	53.2	3.1	—	—
基洛夫州	91.9	—	2.8	—	2.3	—
下诺夫哥罗德州	95.1	—	1.4	—	—	0.6

资料来源：Устинкин С. В.，Куконков П. И. Социально-демографические процессы в субъектах РФ с различной этнической структурой：направленность и специфика（на примере приволжского федерального округа）// Власть，2021，№3，С. 164-174。

一般而言，在多民族的文化背景下，社会内部容易出现民族宗教矛盾甚至是冲突。不过，总体上看，本地区的民族宗教状况较为稳定，但这并不代表不同宗教派别间没有冲突。

尽管俄罗斯已经经历了20多年的“宗教复兴”，但宗教机构和组织仍处于形成阶段。伊斯兰教在伏尔加河沿岸联邦区的积极复兴，不仅带来宗教力量的增长、社会道德基础的加强、失落传统的复兴，也加速了外来伊斯兰教思想的渗透。宗教协会之间的竞争促使非官方运动的发展，包括出现各种破坏性的组织、激进运动和教派等，这会削弱国家的管控能力，为犯罪行为的发生提供有利条件。[①]

在本地区内部，不同共和国在处理民族议题上的努力有所差别。其中，楚瓦什共和国、乌德穆尔特共和国、莫尔多瓦共和国和马里埃尔共和国等的经济实力和游说能力相对较弱，因此它们在捍卫自身民族文化的同时，努力推动地区经济发展，避免将民族问题政治化。[②]

（二）人口迁移与社会矛盾

在伏尔加河沿岸联邦区，人口流动性较大，对本地区就业率、失业率，以及外来移民与本地居民间的互动产生了影响。以 2020 年的迁移增长率为基准，除了鞑靼斯坦共和国和下诺夫哥罗德州外，伏尔加河沿岸联邦区其他联邦主体的迁移增长率均呈负值。其中，莫尔多瓦共和国的迁移增长率最低（见表 3-3）。

表 3-3　伏尔加河沿岸联邦区每万名人口的迁移增长率

主体	2005 年	2010 年	2015 年	2018 年	2019 年	2020 年
俄罗斯联邦	20	19	17	9	19	9
伏尔加河沿岸联邦区	-8	-12	-8	-22	-4	-8
巴什科尔托斯坦共和国	-3	2	-15	-22	-14	-13

① Афанасьева О. Р., Гончарова М. В., and Шиян В. И. “Факторы преступности в Приволжском федеральном округе Российской Федерации” Международный научно-исследовательский журнал, 2017, №. 12 - 2 (66), 2017, С. 126.

② 〔俄〕С. 比留科夫：《俄罗斯伏尔加联邦区社会经济发展的现状与前景》，肖辉忠译，《俄罗斯研究》2017 年第 5 期，第 18 页。

续表

主体	2005 年	2010 年	2015 年	2018 年	2019 年	2020 年
马里埃尔共和国	-1	-31	-30	-10	8	-14
莫尔多瓦共和国	3	-9	26	-69	-10	-47
鞑靼斯坦共和国	22	10	9	7	11	11
乌德穆尔特共和国	-12	-35	-19	-27	-21	-6
楚瓦什共和国	-44	-27	-19	-43	-16	-20
彼尔姆边疆区	-49	-46	-15	-25	-14	-20
基洛夫州	-86	-54	-28	-37	-22	-13
下诺夫哥罗德州	13	11	2	-12	20	4
奥伦堡州	-87	-47	-33	-52	-1	-4
奔萨州	21	-3	-10	-44	-34	-12
萨马拉州	65	19	-6	-1	28	-1
萨拉托夫州	-16	-15	5	-42	-23	-21
乌里扬诺夫斯克州	-23	-35	-9	-21	-19	-9

注：原表未标注数据单位。后文对该表的解释如下：总迁移强度系数（迁移增长率）是衡量某一时期内整个人口中迁移住所情况变化频率的指标，其计算方法是将用于人口统计的迁移增长与年均人口数相除。人口统计中使用的迁移增长可能与实际报告数据不同，这可能是由于未考虑部分迁移情况而引起的。

资料来源：《2021 年俄罗斯地区社会经济指标》，俄罗斯联邦统计局，https：//rosstat. gov. ru/folder/210/document/13204。

根据俄罗斯联邦统计局的数据，自 2005 年起，在从俄罗斯境内其他地区迁入伏尔加河沿岸联邦区的人口中，迁入乌里扬诺夫斯克州的人数相对较多，每个时期的迁入人数按迁移方向的分布（以总迁入人数的百分比表示）均保持在 40% 以上（见表 3-4、图 3-1）。

表 3-4　俄罗斯其他联邦区迁入人数按迁移方向的分布

单位：%

主体	2005 年	2010 年	2015 年	2018 年	2019 年	2020 年
俄罗斯联邦	39.0	41.6	44.0	46.5	44.0	44.9
伏尔加河沿岸联邦区	29.3	28.3	29.8	31.8	30.6	32.3
巴什科尔托斯坦共和国	24.9	24.5	25.5	27.2	26.3	27.3
马里埃尔共和国	30.8	29.5	37.0	39.3	35.8	38.9
莫尔多瓦共和国	27.9	30.7	34.4	35.0	37.0	42.9
鞑靼斯坦共和国	28.8	27.6	30.6	32.8	31.4	31.5
乌德穆尔特共和国	26.3	27.8	27.2	28.6	30.2	33.4
楚瓦什共和国	24.8	24.3	28.8	29.6	29.7	31.6
彼尔姆边疆区	25.6	22.6	21.5	22.1	22.4	22.7
基洛夫州	28.3	25.2	27.2	28.7	29.0	30.3
下诺夫哥罗德州	33.2	28.9	30.6	32.6	30.4	31.8
奥伦堡州	26.6	25.9	32.3	37.0	31.0	34.3
奔萨州	28.1	30.0	31.2	36.5	36.2	39.7
萨马拉州	40.6	35.6	36.6	35.6	31.9	34.5
萨拉托夫州	27.2	30.7	31.3	37.0	35.9	37.7
乌里扬诺夫斯克州	44.3	47.4	44.3	48.0	46.1	48.4

资料来源：《2021 年俄罗斯地区社会经济指标》，俄罗斯联邦统计局，https：//rosstat.gov.ru/folder/210/document/13204。

根据 2020 年的统计数据，俄罗斯境外迁入伏尔加河沿岸联邦区的人数较为有限。在这些迁入人口中，前往萨马拉州的人数最多，其次是莫尔多瓦共和国、萨拉托夫州和奥伦堡州。与此同时，迁入巴什科尔托斯坦共和国、马里埃尔共和国、鞑靼斯坦共和国、楚瓦什共和国、彼尔姆边疆区、乌德穆尔特共和国、基洛夫州和乌里扬诺夫斯克州的人口较少，每个迁入方向的人数分布均未超过总迁入人数的 10%（见表 3-5、图 3-2）。

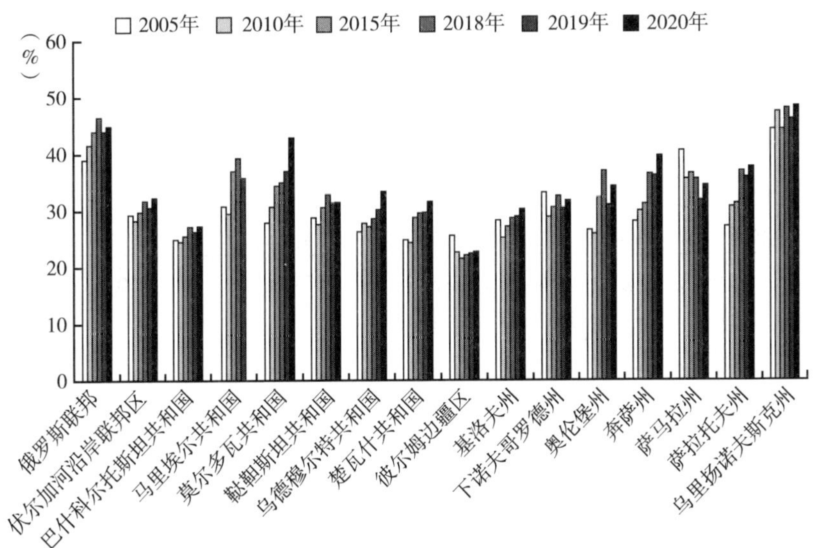

图 3-1 俄罗斯境内迁入人数按迁移方向的分布

资料来源：根据《2021 年俄罗斯地区社会经济指标》整理得出，俄罗斯联邦统计局，https：//rosstat. gov. ru/folder/210/document/13204。

表 3-5 俄罗斯境外迁入人数按迁移方向的分布

单位：%

主体	2005 年	2010 年	2015 年	2018 年	2019 年	2020 年
俄罗斯联邦	8. 5	9. 1	12. 6	11. 5	14. 8	14. 4
伏尔加河沿岸联邦区	7. 1	8. 5	10. 3	8. 1	10. 6	10. 0
巴什科尔托斯坦共和国	1. 6	5. 4	8. 1	5. 9	5. 4	5. 8
马里埃尔共和国	3. 2	4. 4	5. 9	11. 8	12. 2	6. 9
莫尔多瓦共和国	3. 2	6. 7	31. 3	30. 6	23. 2	17. 9
鞑靼斯坦共和国	6. 0	3. 9	8. 1	6. 7	8. 2	9. 5
乌德穆尔特共和国	3. 8	2. 2	4. 4	4. 1	4. 5	4. 3
楚瓦什共和国	1. 9	5. 1	6. 9	4. 8	8. 7	8. 6
彼尔姆边疆区	4. 9	3. 4	7. 8	3. 8	5. 1	5. 7
基洛夫州	2. 2	4. 5	5. 2	1. 8	2. 2	2. 0
下诺夫哥罗德州	6. 9	14. 6	11. 6	9. 6	15. 7	13. 3
奥伦堡州	16. 2	19. 2	6. 6	5. 8	15. 4	14. 4

续表

主体	2005 年	2010 年	2015 年	2018 年	2019 年	2020 年
奔萨州	9.7	10.9	15.5	12.3	10.1	12.9
萨马拉州	14.6	14.8	14.2	13.9	22.2	18.8
萨拉托夫州	12.1	10.8	17.0	12.2	13.2	14.8
乌里扬诺夫斯克州	6.3	12.2	14.6	6.8	9.7	9.3

资料来源：《2021 年俄罗斯地区社会经济指标》，俄罗斯联邦统计局，https：//rosstat. gov. ru/folder/210/document/13204。

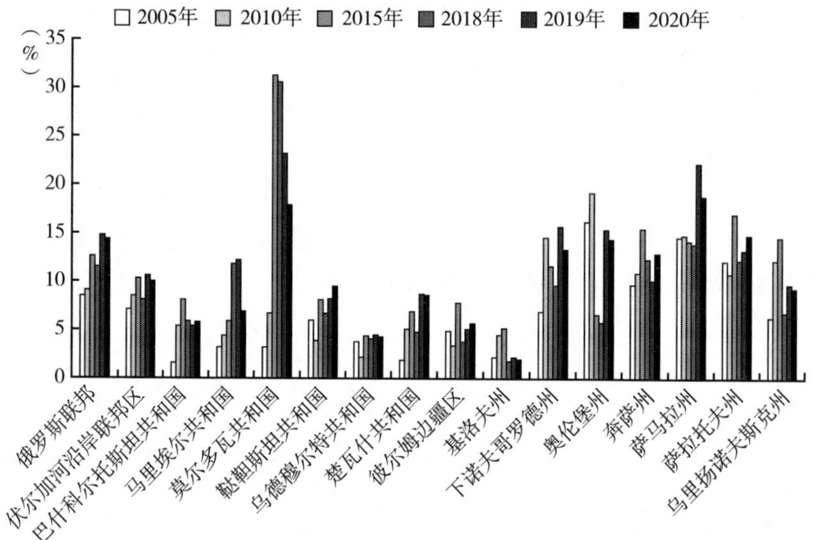

图 3-2　俄罗斯境外迁入人数按迁移方向的分布

资料来源：根据《2021 年俄罗斯地区社会经济指标》整理得出，俄罗斯联邦统计局，https：//rosstat. gov. ru/folder/210/document/13204。

从伏尔加河沿岸联邦区迁出，前往俄罗斯境内其他地区的人数较多。从迁出人数的分布来看，迁出人数最多的地区是乌里扬诺夫斯克州，每一时期的迁出人数均超过总迁出人数的50%。其次，从莫尔多瓦共和国、奥伦堡州、奔萨州和马里埃尔共和国等联邦主体迁出的人数也较多。迁出人数相对较少的联邦主体包括巴什科尔托斯坦共和国、鞑靼斯坦共和国和彼尔姆边疆区（见表 3-6、图 3-3）。

表 3-6 从伏尔加河沿岸联邦区迁移至俄罗斯其他地区的人数分布

单位：%

主体	2005 年	2010 年	2015 年	2018 年	2019 年	2020 年
俄罗斯联邦	41.2	45.0	46.4	47.7	46.8	46.1
伏尔加河沿岸联邦区	34.1	37.0	35.8	37.1	35.5	34.6
巴什科尔托斯坦共和国	27.2	28.7	30.1	30.7	29.3	29.8
马里埃尔共和国	35.5	42.4	45.1	47.4	39.2	37.4
莫尔多瓦共和国	43.7	48.3	57.5	44.5	48.1	44.5
鞑靼斯坦共和国	25.5	24.2	30.0	32.2	30.5	28.0
乌德穆尔特共和国	34.7	45.0	33.2	34.5	36.8	35.6
楚瓦什共和国	27.3	31.3	37.0	36.6	36.1	34.0
彼尔姆边疆区	33.3	34.1	25.9	26.9	26.3	27.7
基洛夫州	42.0	41.2	32.4	34.5	33.1	33.5
下诺夫哥罗德州	30.8	35.2	32.8	33.7	31.4	30.4
奥伦堡州	39.8	49.0	44.3	51.5	44.4	42.7
奔萨州	38.8	44.0	41.2	44.1	41.2	44.0
萨马拉州	43.2	41.2	39.9	40.7	38.2	35.0
萨拉托夫州	31.1	39.4	41.7	44.8	43.0	43.0
乌里扬诺夫斯克州	58.3	67.0	55.4	55.4	56.6	54.7

资料来源：《2021 年俄罗斯地区社会经济指标》，俄罗斯联邦统计局，https：//rosstat. gov. ru/folder/210/document/13204。

伏尔加河沿岸联邦区迁出至俄罗斯境外的人数相对较少。以 2020 年的数据为参照，迁出人数最多的为莫尔多瓦共和国，迁出人数较少的是乌德穆尔特共和国、基洛夫州和乌里扬诺夫斯克州（见表 3-7、图 3-4）。

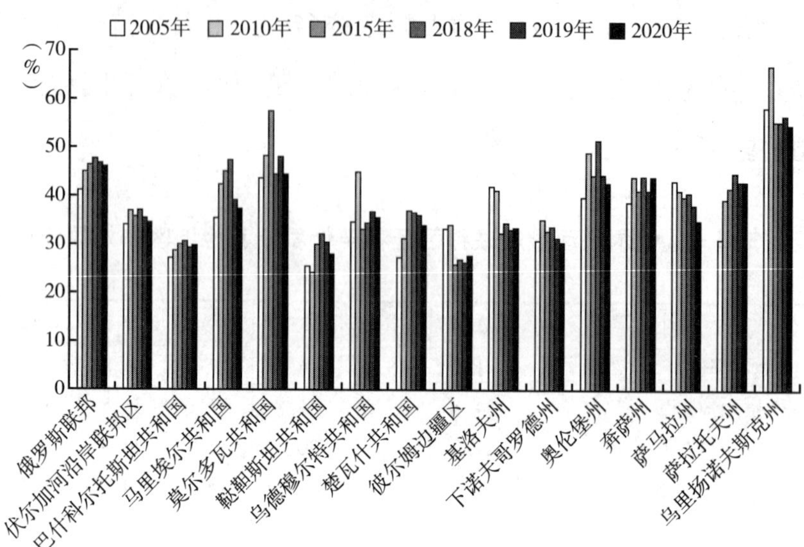

图 3-3　从伏尔加河沿岸联邦区迁移至俄罗斯其他地区的人数的分布

资料来源：根据《2021 年俄罗斯地区社会经济指标》整理得出，俄罗斯联邦统计局，https：//rosstat. gov. ru/folder/210/document/13204。

从总体上看，从伏尔加河沿岸联邦区迁出的人数多于迁入本地区的人数。

表 3-7　从伏尔加河沿岸联邦区迁出俄罗斯的人数分布

单位：%

主体	2005 年	2010 年	2015 年	2018 年	2019 年	2020 年
俄罗斯联邦	3. 5	1. 7	7. 9	9. 2	9. 3	12. 2
伏尔加河沿岸联邦区	2. 3	1. 1	6. 0	7. 2	6. 5	9. 4
巴什科尔托斯坦共和国	1. 0	0. 6	6. 0	6. 3	5. 1	6. 0
马里埃尔共和国	1. 4	0. 9	3. 1	5. 3	7. 6	10. 6
莫尔多瓦共和国	1. 0	0. 3	5. 1	27. 2	13. 3	22. 7
鞑靼斯坦共和国	1. 5	1. 2	6. 3	5. 5	6. 0	9. 7
乌德穆尔特共和国	1. 5	0. 9	2. 5	3. 6	3. 0	3. 3

续表

主体	2005 年	2010 年	2015 年	2018 年	2019 年	2020 年
楚瓦什共和国	1.2	0.6	2.1	4.6	5.1	9.7
彼尔姆边疆区	2.1	1.3	6.8	4.4	4.6	5.8
基洛夫州	0.9	0.6	4.5	2.0	1.8	1.2
下诺夫哥罗德州	2.2	1.4	8.9	11.2	10.0	13.4
奥伦堡州	6.0	2.2	1.1	1.7	2.2	6.6
奔萨州	1.5	0.7	7.3	12.4	11.8	11.2
萨马拉州	2.9	1.2	12.3	9.1	10.2	18.3
萨拉托夫州	4.9	2.0	5.8	11.5	10.3	13.2
乌里扬诺夫斯克州	2.4	1.2	5.0	2.9	3.0	4.7

资料来源：《2021 年俄罗斯地区社会经济指标》，俄罗斯联邦统计局，https：//rosstat. gov. ru/folder/210/document/13204。

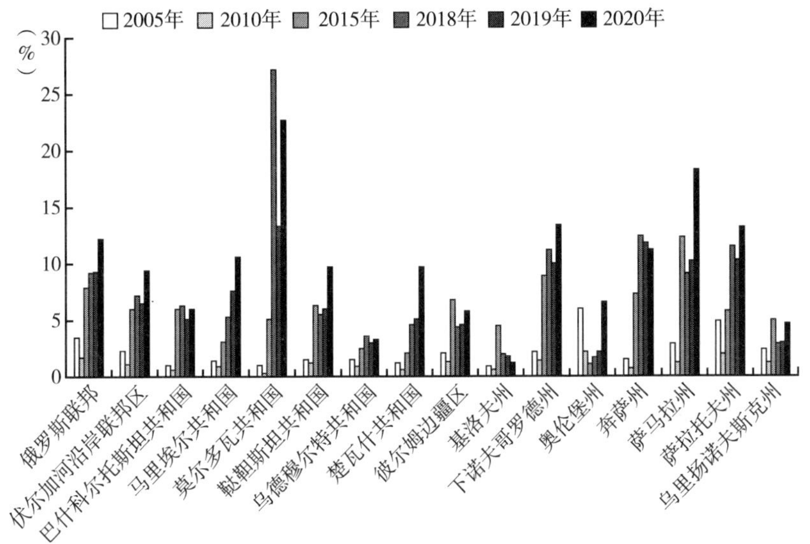

图 3-4　从伏尔加河沿岸联邦区迁出俄罗斯的人数分布

资料来源：根据《2021 年俄罗斯地区社会经济指标》整理得出，俄罗斯联邦统计局，https：//rosstat. gov. ru/folder/210/document/13204。

在失业率上，本地区失业率普遍低于俄罗斯平均水平。2020 年，失业率最高的是马里埃尔共和国，为 6.8%；其次是乌德穆尔特共和国（6.3%）、楚瓦什共和国（6.1%）；失业率最低的是鞑靼斯坦共和国（3.6%）（见表 3-8、图3-5）。

表 3-8　2018~2020 年伏尔加河沿岸联邦区失业率

单位：%

主体	2018 年	2019 年	2020 年
俄罗斯联邦	4.8	4.6	5.8
伏尔加河沿岸联邦区	4.4	4.2	5.2
巴什科尔托斯坦共和国	4.9	4.4	5.9
马里埃尔共和国	5.0	4.6	6.8
莫尔多瓦共和国	4.2	4.2	5.3
鞑靼斯坦共和国	3.3	3.3	3.6
乌德穆尔特共和国	4.8	4.3	6.3
楚瓦什共和国	5.0	4.7	6.1
彼尔姆边疆区	5.4	5.2	5.7
基洛夫州	5.1	4.8	5.4
下诺夫哥罗德州	4.2	4.1	4.6
奥伦堡州	4.4	4.4	5.9
奔萨州	4.4	4.3	5.0
萨马拉州	3.7	3.9	4.4
萨拉托夫州	5.0	4.3	5.6
乌里扬诺夫斯克州	3.7	3.8	4.9

资料来源：《2021 年俄罗斯地区社会经济指标》，俄罗斯联邦统计局，https：//rosstat.gov.ru/folder/210/document/13204。

在就业率上，本地区就业率普遍较高的联邦主体包括下诺夫哥罗德州、鞑靼斯坦共和国、萨马拉州和乌德穆尔特共和国。2020 年，就业率最高的是鞑靼斯坦共和国和下诺夫哥罗德州，均为 61.5%。2020 年，除鞑靼斯坦共和国、乌德穆尔

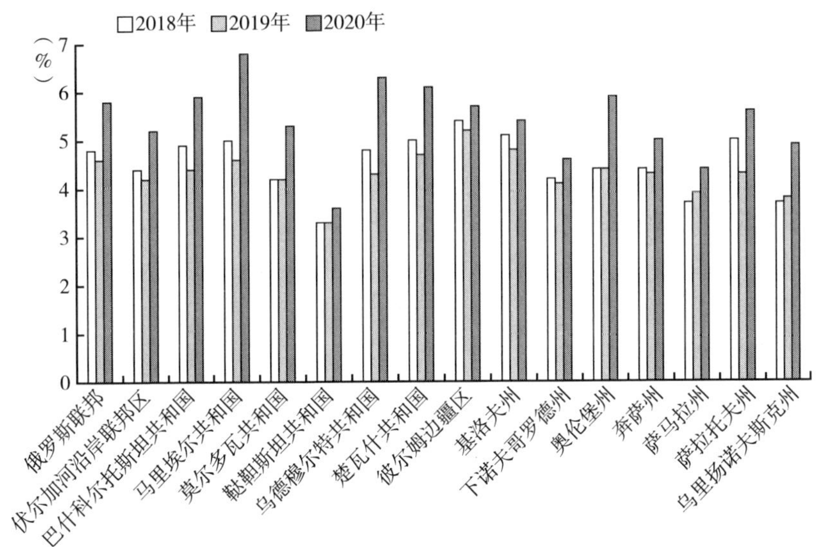

图 3-5　2018~2020 年伏尔加河沿岸联邦区失业率

资料来源：根据《2021 年俄罗斯地区社会经济指标》整理得出，俄罗斯联邦统计局，https：//rosstat. gov. ru/folder/210/document/13204。

特共和国、下诺夫哥罗德州、萨马拉州外，其他联邦主体的就业率均低于伏尔加河沿岸联邦地区整体就业率。2020 年，就业率最低的是萨拉托夫，为 53. 5%（见表 3-9、图 3-6）。

表 3-9　2018~2020 年伏尔加河沿岸联邦区就业率

单位：%

主体	2018 年	2019 年	2020 年
伏尔加河沿岸联邦区	58. 9	58. 1	57. 4
巴什科尔托斯坦共和国	56. 6	55. 3	54. 8
马里埃尔共和国	56. 4	57. 4	55. 0
莫尔多瓦共和国	58. 3	60. 8	56. 2
鞑靼斯坦共和国	61. 9	61. 9	61. 5
乌德穆尔特共和国	60. 8	60. 0	59. 4

续表

主体	2018 年	2019 年	2020 年
楚瓦什共和国	58.1	57.6	56.8
彼尔姆边疆区	56.2	54.8	55.1
基洛夫州	59.0	57.0	56.8
下诺夫哥罗德州	61.7	61.9	61.5
奥伦堡州	59.9	55.5	55.3
奔萨州	57.4	55.5	54.3
萨马拉州	61.5	60.6	60.3
萨拉托夫州	54.4	55.5	53.5
乌里扬诺夫斯克州	56.8	55.9	54.5

资料来源：根据《2021 年俄罗斯地区社会经济指标》整理得出，俄罗斯联邦统计局，https：//rosstat. gov. ru/folder/210/document/13204。

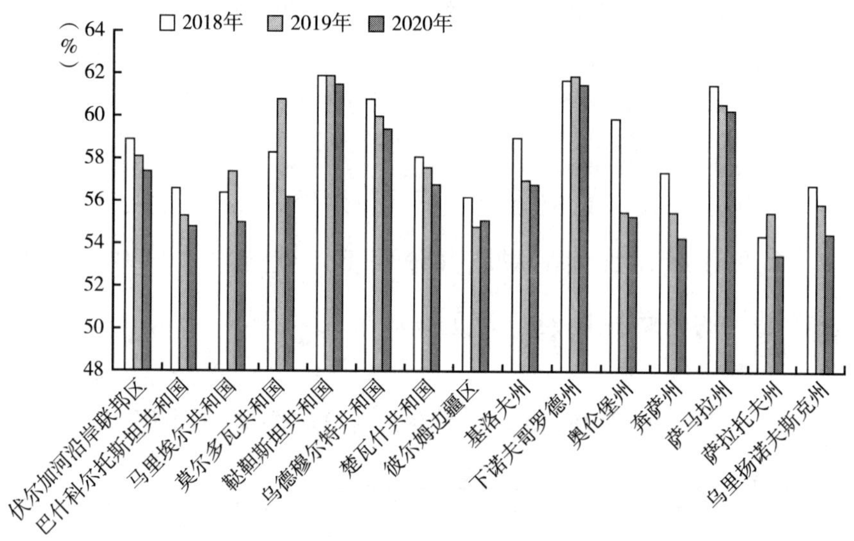

图 3-6　2018~2020 年伏尔加河沿岸联邦区就业率

资料来源：根据《2021 年俄罗斯地区社会经济指标》整理得出，俄罗斯联邦统计局，https：//rosstat. gov. ru/folder/210/document/13204。

2010~2017年，伏尔加河沿岸联邦区部分联邦主体的移民增减情况如表3-10和图3-7所示。虽然鞑靼斯坦共和国和下诺夫哥罗德州的移民数量基本保持正增长，但是总体呈减少趋势。另外，整个伏尔加河沿岸联邦区的移民数量也处于减少趋势。鞑靼斯坦共和国与萨马拉州、下诺夫哥罗德州的连片地区，增加的国际移民主要来自中亚国家。自20世纪90年代初以来，这些移民中有很多是鞑靼人。

表3-10 2010~2017年伏尔加河沿岸联邦区部分联邦主体移民增减情况

单位：万人

主体	2010年	2011年	2012年	2013年	2014年	2015年	2016年	2017年
伏尔加河沿岸联邦区	-12	-4	-6	-5	-2	-8	-5	-12
巴什科尔托斯坦共和国	2	-23	-22	7	-11	-15	-18	-6
楚瓦什共和国	-27	-22	-36	-36	-21	-19	-7	-25
鞑靼斯坦共和国	10	32	26	15	19	9	15	12
下诺夫哥罗德州	11	21	21	15	5	2	-3	2
基洛夫州	-54	-42	-39	-38	-27	-28	-21	-28

资料来源：Устинкин С. В.，Куконков П. И. Социально-демографические процессы в субъектах РФ с различной этнической структурой：направленность и специфика（на примере приволжского федерального округа）// Власть，2021，№3，С. 164-174。

虽然移民的到来暂时缓解了社会人口问题，但也引发了其他矛盾。例如，移民很难融入其迁入的社会，这在一定程度上

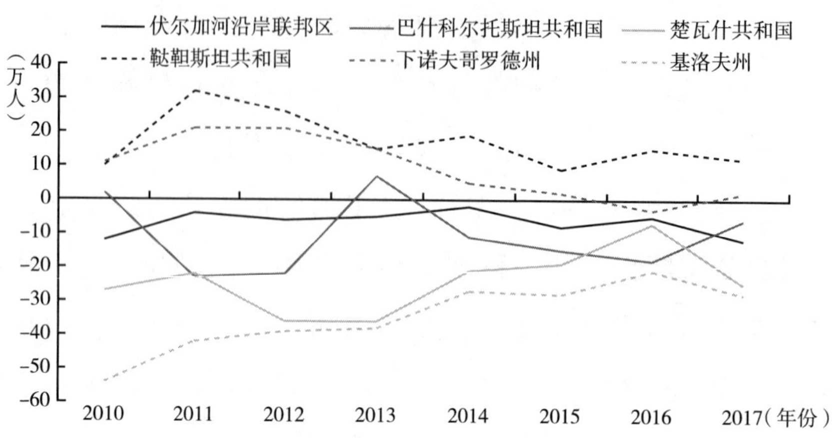

图 3-7　伏尔加河沿岸联邦区部分联邦主体移民增减情况

资料来源：Устинкин С. В.，Куконков П. И. Социально-демографические процессы в субъектах РФ с различной этнической структурой：направленность и специфика（на примере приволжского федерального округа）// Власть，2021，№3，С. 164-174。

增加了当地的负担。[①] 总体上，近几十年来，移民带来了一系列挑战：社会不平等、文化冲突、犯罪等。移民可通过非法途径定居并获得资本，以种族为基础聚集，实施犯罪活动，导致该地区犯罪活动增加。放眼整个俄罗斯的移民数量，随着外来移民人数增加，俄罗斯境内的犯罪集团数量不断增加，这其中也包括伏尔加河沿岸联邦区。[②]

① Устинкин С. В.，Куконков П. И. Социально-демографические процессы в субъектах РФ с различной этнической структурой：направленность и специфика（на примере приволжского федерального округа）// Власть，2021，№3，С. 164-174.

② Афанасьева О. Р.，Гончарова М. В.，и Шиян В. И. "Факторы преступности в Приволжском федеральном округе Российской Федерации"，*Международный научно-исследовательский журнал*，№. 2017，12-2（66），С. 123.

在新近的有关移民的调查中，在伏尔加河沿岸联邦区，32%的受访者表示考虑迁出本地区，这主要是因为在本地区，难以获得薪酬待遇较好的工作岗位。在不愿意迁出的人中，44%的受访者表示出于家庭原因并不打算搬家；33%的人表明工作没有遇到任何困难；另有13%的人认为，如果其他地区也不能提供更好的待遇，那么他们不会考虑搬家。①

（三）社会犯罪

在伏尔加河沿岸联邦区，各联邦主体间不均衡的经济发展形势加剧社会冲突，并最终导致犯罪率的上升。从地理位置上看，伏尔加河沿岸联邦区处于欧亚国际运输走廊的十字路口，交通往来便利。因此，对于犯罪分子而言，伏尔加河沿岸联邦区的交通位置具有一定的吸引力，尤其是与财产、公共安全和公共健康相关的犯罪类型。②

2020年，根据记录在案的犯罪行为数量，伏尔加河沿岸联邦区的犯罪数量占整个俄罗斯犯罪数量的19.4%；与2019年相比，伏尔加河沿岸联邦区的犯罪数量增加了1.6%。其中，记录在案的犯罪行为数量最多的是巴什科尔托斯坦共和国

① https：//izhevsk. mk. ru/social/2022/08/18/posle－iniciativy－mintruda－32－zhiteley－pfozayavili－o－gotovnosti－k－pereezdu－v－drugoy－region－rf－radi－karernykh－perspektiv. html.

② Афанасьева О. Р. , Гончарова М. В. , и Шиян В. И. “Факторы преступности в Приволжском федеральном округе Российской Федерации”, *Международный научно-исследовательский журнал*, №. 2017, 12-2 (66), С. 123.

（55883件），其次是鞑靼斯坦共和国（53586件）和萨马拉州（44332件）。与2019年相比，彼尔姆边疆区记录在案的犯罪率下降幅度最大（7.6%）；相反，犯罪率增长幅度最大的是鞑靼斯坦共和国（8.1%）（见表3-11、图3-8）。

表3-11　2020年伏尔加河沿岸联邦区犯罪状况

主体	记录在案的犯罪行为（在报告期内）		待审的犯罪行为			
			初步调查		根据《俄罗斯联邦刑事诉讼法》第208条第1部分第1~3款中止刑事诉讼的犯罪行为	
	数量（件）	同比变化（%）	数量（件）	同比变化（%）	数量（件）	同比变化（%）
俄罗斯联邦	2044221	1.0	1031987	-1.9	963752	5.3
伏尔加河沿岸联邦区	396291	1.6	209614	-1.1	177664	6.6
基洛夫州	18921	-1.0	10569	-7.9	8239	7.9
下诺夫哥罗德州	42337	-1.6	21663	0.9	19910	-0.9
奥伦堡州	27483	2.6	16948	-1.4	10078	10.5
奔萨州	13520	4.6	7998	-1.8	5050	7.7
彼尔姆边疆区	39694	-7.6	21435	-9.7	17588	-2.1
鞑靼斯坦共和国	53586	8.1	24947	9.3	26962	8.8
巴什科尔托斯坦共和国	55883	1.0	27709	-3.7	26361	0.2
马里埃尔共和国	7597	-2.0	3878	-11.8	3331	3.8
莫尔多瓦共和国	8258	2.5	5521	1.8	2571	12.9
萨马拉州	44332	4.0	24686	3.8	18502	4.4
萨拉托夫州	30563	4.3	14483	-1.7	15339	16.3
乌德穆尔特共和国	28075	3.8	13960	1.2	14083	19.9
乌里扬诺夫斯克州	12724	0.5	8081	1.5	4701	9.1
楚瓦什共和国	13048	5.0	7736	-5.6	4949	36.6

资料来源：Состоянии преступности в России，2020，1－12，С. 47－49，https：//d-russia.ru/wp-content/uploads/2021/02/december.pdf。

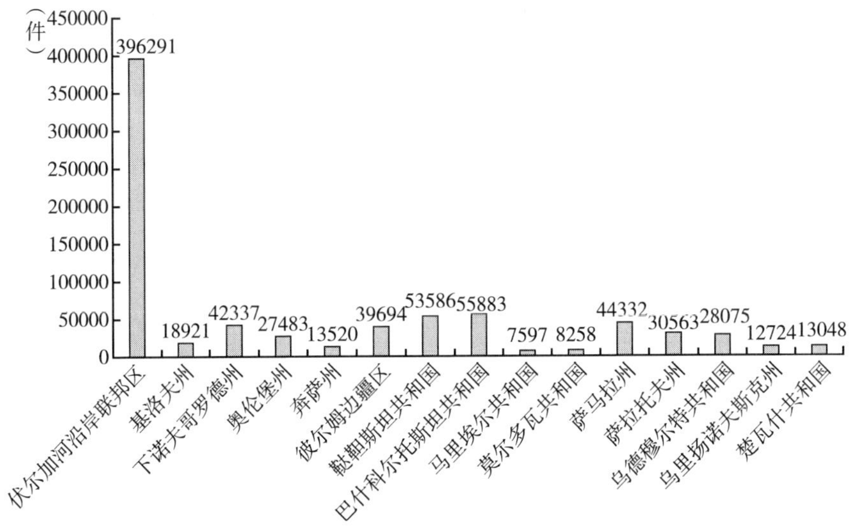

图 3-8　2020 年伏尔加河沿岸联邦区记录在案的犯罪行为

资料来源：Состоянии преступности в России，2020，1－12，С. 47－49，https：//d-russia. ru/wp-content/uploads/2021/02/december. pdf。

就严重和特别严重犯罪的情况来看，伏尔加河沿岸联邦区记录在案犯罪行为总数占俄罗斯的 19. 6%。其中，此类犯罪数量最多的联邦主体是鞑靼斯坦共和国（15478 件），占全区的 14. 2%。其次是巴什科尔托斯坦共和国（15172 件）、下诺夫哥罗德州（11584 件）、萨马拉州（11404 件）和彼尔姆边疆区（10649 件）。从增幅上看，与 2019 年相比，2020 年此类犯罪的数量在本地区普遍增多。其中，增长率最高的是莫尔多瓦共和国，高达 39. 3%；其次是鞑靼斯坦共和国，为 30. 8%；只有彼尔姆边疆区稍有下降，但下降幅度仅为 0. 1%（见表 3-12、图 3-9）。

表 3-12　2020 年伏尔加河沿岸联邦区严重和特别严重犯罪状况

主体	记录在案的犯罪行为（在报告期内）		初步调查		根据《俄罗斯联邦刑事诉讼法》第 208 条第 1 部分第 1~3 款中止刑事诉讼的犯罪行为	
	数量（件）	同比变化（%）	数量（件）	同比变化（%）	数量（件）	同比变化（%）
俄罗斯联邦	563201	14. 0	216017	1. 8	312079	26. 6
伏尔加河沿岸联邦区	110555	18. 5	43564	7. 6	60634	34. 9
基洛夫州	5627	23. 1	1770	-1. 2	3556	38. 0
下诺夫哥罗德州	11584	12. 8	4835	18. 4	5937	14. 6
奥伦堡州	7838	13. 1	4088	-5. 2	3580	38. 6
奔萨州	3842	17. 3	1262	-5. 8	2299	32. 0
彼尔姆边疆区	10649	-0. 1	4712	-1. 4	5594	15. 9
鞑靼斯坦共和国	15748	30. 8	5354	26. 0	9101	36. 6
巴什科尔托斯坦共和国	15172	21. 3	831	-7. 7	1284	37. 6
马里埃尔共和国	2394	21. 2	831	-7. 7	1284	37. 6
莫尔多瓦共和国	2306	39. 3	1156	40. 3	963	51. 2
萨马拉州	11404	13. 5	5668	17. 4	5308	30. 5
萨拉托夫州	8046	19. 0	2925	11. 5	4605	45. 1
乌德穆尔特共和国	8005	25. 2	2548	5. 9	5159	48. 7
乌里扬诺夫斯克州	3424	22. 9	1515	1. 0	1786	116. 2
楚瓦什州	4516	30. 4	2062	10. 7	2326	109. 7

资料来源：Состоянии преступности в России，2020，1-12，С. 51，https：//d-russia. ru/wp-content/uploads/2021/02/december. pdf。

在主要的犯罪类型中，被定性为极端主义犯罪的数量最多，远高于另外 5 种类型；其次是凶杀及杀人未遂；再次是非

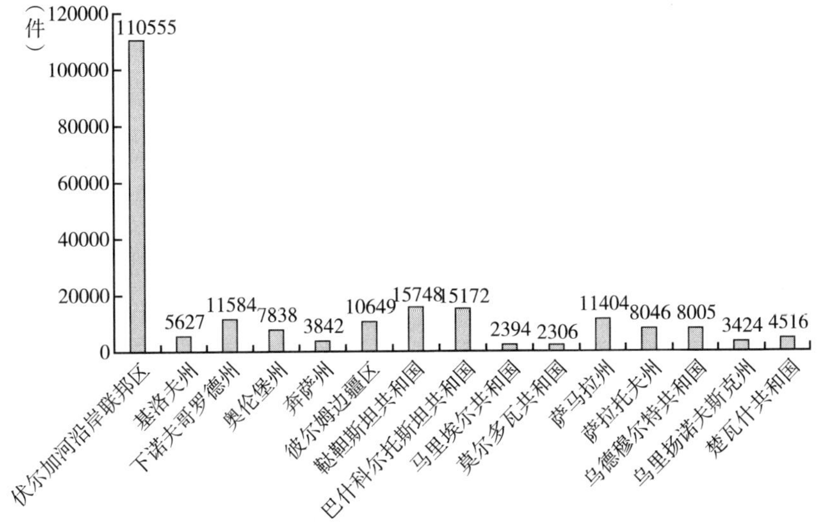

图 3-9　2020 年伏尔加河沿岸联邦区记录在案的严重和特别严重犯罪行为

资料来源：Состоянии преступности в России，2020，1－12，С. 51，https：//d-russia. ru/wp-content/uploads/2021/02/december. pdf。

法毒品交易，犯罪数量也相对较多；非法武器交易、经济犯罪和恐怖主义犯罪则相对较少，趋势较为稳定（见表 3－13、图 3－10 和图 3－11）。另外，信息、电信技术和计算机领域的欺诈行为很常见，占所有欺诈行为的 70%左右。萨拉托夫州、彼尔姆边疆区此类欺诈行为的数量相当高，2020 年，两地的该类欺诈行为分别为 3400 件和 1900 件。①

① Состоянии преступности в России，2020，1－12，С. 6－8，https：//d-russia. ru/wp-content/uploads/2021/02/december. pdf.

表 3-13　2017~2021 年伏尔加河沿岸联邦区犯罪类型与数量

单位：件

犯罪类型	2017 年	2018 年	2019 年	2020 年	2021 年
经济犯罪	1871	1679	1806	2342	2136
恐怖主义犯罪	1521	1265	585	833	1057
非法毒品交易	28916	27452	26557	24792	23507
非法武器交易	9738	8574	7948	7695	7332
凶杀及杀人未遂	37745	36257	33554	29763	25831
极端主义犯罪	208681	200306	190197	189905	179732

资料来源：https：//www. iminfin. ru/areas - of - analysis/criminality/pokazateli - prestupnosti/dinamika-pokazatelej-prestupnosti？ territory = 4。

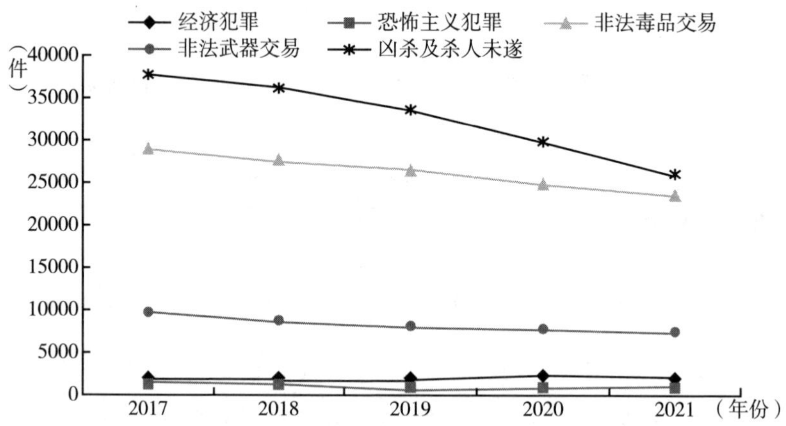

图 3-10　2017~2021 年伏尔加河沿岸联邦区 5 类犯罪类型数量趋势

资料来源：https：//www. iminfin. ru/areas - of - analysis/criminality/pokazateli - prestupnosti/dinamika-pokazatelej-prestupnosti？ territory = 4。

不同问题之间的相互影响，也会加剧犯罪形势。基洛夫州和莫尔多瓦共和国因区域间的移民问题人口正在减少，而移民

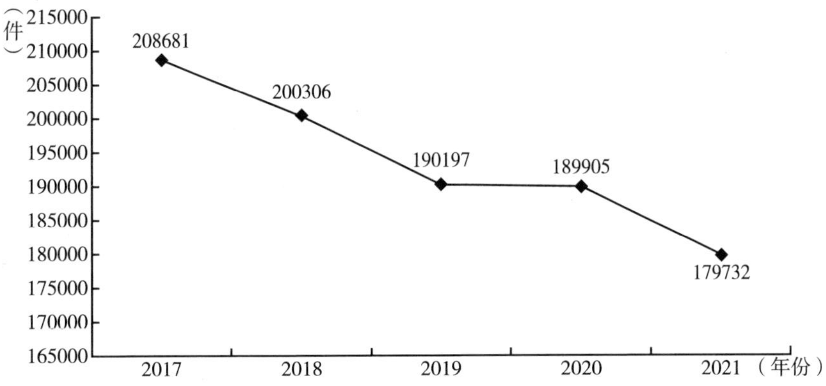

图 3-11　2017~2021 年伏尔加河沿岸联邦区极端主义犯罪数量趋势

资料来源：https：//www. iminfin. ru/areas - of - analysis/criminality/pokazateli - prestupnosti/dinamika-pokazatelej-prestupnosti？territory = 4。

所带来的"补充作用"或因其质量问题更容易引发犯罪。此外，移民还会造成激进宗教教义传播的危险：一方面，他们成为极端主义和恐怖主义组织招募的目标；另一方面，他们自己往往会传播极端主义意识形态。①

（四）生态环境

伏尔加河沿岸联邦区内各联邦主体的生态环境质量有所差异。2020 年，鞑靼斯坦共和国和萨拉托夫州的生态环境质量较高，特别是鞑靼斯坦共和国排在俄罗斯各地区生态环境首

① Афанасьева О. Р. , Гончарова М. В. , и Шиян В. И. "Факторы преступности в Приволжском федеральном округе Российской Федерации", *Международный научно-исследовательский журнал*, №. 2017, 12 - 2 (66), С. 125.

位。基洛夫州、奥伦堡州、乌德穆尔特共和国和彼尔姆边疆区的生态环境排名相对靠后（见表 3-14）。

表 3-14　2020 年伏尔加河沿岸联邦区各联邦主体在俄罗斯的生态环境排名

主体	生态环境排名
鞑靼斯坦共和国	1
萨拉托夫州	9
楚瓦什共和国	13
乌里扬诺夫斯克州	17
萨马拉州	26
莫尔多瓦共和国	36
马里埃尔共和国	37
奔萨州	44
巴什科尔托斯坦共和国	46
下诺夫哥罗德州	49
基洛夫州	52
奥伦堡州	55
乌德穆尔特共和国	58
彼尔姆边疆区	60

资料来源：https：//pfo. volga. news/article/545645. html。

伏尔加河的搁浅问题已存在多年，且日趋恶化。河流水位持续下降，河岸裸露，鱼类数量减少，岸边和水生植物的生存面临危机。

各联邦主体内部也存在一些环境问题，对社会公共健康甚至安全产生影响。例如，楚瓦什共和国主要面临的问题是：第一，水力侵蚀现象分布较广，多发于春汛时期，对水库及沿岸地区造成了负面影响；第二，沿岸地区水库损坏严重，居民区洪水泛滥，给当地造成严重经济损失。对此，楚瓦什共和国计划建设新的防护设施，改建已有的防护工程主体；保护水库安全，扩大水库的库容量；清理河床，设立滞洪区和蓄水区，并划定滞洪区范围。[①] 下诺夫哥罗德州则面临缺水的问题。生态学家指出，在夏季，戈罗杰茨和巴拉赫纳地区没有足够的水；在冬季，水位很高，结冰的河水导致船只无法航行。夏季可使用涡轮机增加水位，但由于缺少收益，无人愿意采取实际行动。同时，下诺夫哥罗德州还有占地 1.5 公顷的天坑，被称为“黑窟窿”。50 多年来，捷尔任斯克的有机玻璃工厂一直将液体工业废物倒入其中，污泥中含有重金属砷、铅和镉。2016 年，天然气能源建设公司在污泥库岸边建造了一个低温热解销毁设施，计划将有毒物质转化为二级原料。但承包商多次未能在最后期限完成任务，这项工程现已暂停。[②] 彼尔姆边疆区长期面临的生态问题是基泽洛夫斯基煤田的酸性矿井溢流，导致卡马河、丘索沃伊河和其他重要河流的水受到金属污染，地区生态系统遭到破坏。[③] 为进一步美化环境，彼尔姆边疆区计划建设垃圾转运站、垃圾分类中心、垃圾处理厂，以及满足本地区现有要求的现代填埋场。[④]

---

① 吴宇航：《〈楚瓦什共和国 2035 年前社会经济发展战略（附件 3~6）〉翻译报告》，四川外国语大学硕士学位论文，2019。

② https：//fedpress. ru/article/2910172 2022 01. 04.

③ https：//fedpress. ru/article/2910172 2022 01. 04.

④ 毛梦巧：《彼尔姆自治区 2016~2030 年社会经济发展战略（节选 3. 7~3. 13）翻译报告》，四川外国语大学硕士学位论文，2019。

第四章　俄罗斯伏尔加河沿岸联邦区文化民俗概况

胡曾莉*

本章概述俄罗斯伏尔加河沿岸联邦区文化、民俗情况，从地区文化概况、代表性少数民族文化和文化发展政策3个层面展开论述。“地区文化概况”一节聚焦官方语言、文化基础设施、历史文化建筑、文化名人等文化要素，力求对该地区文化状况进行总体性勾勒。“代表性少数民族文化”一节专题介绍伏尔加河沿岸联邦区内6个人口占比较大的少数民族的文化、民俗情况，包括传统习俗、传统节日、传统服饰和传统特色食物等。民族多样性在伏尔加河沿岸联邦区体现得非常明显。少数民族文化是伏尔加河沿岸联邦区文化遗产中最具代表性也是必不可少的组成部分，今天，它仍在伏尔加河沿岸联邦区居民的日常生活中保持充沛活力。“文化发展政策”一节简要介绍近年来俄罗斯联邦层面和地区层面的文化发展政策。文化建设是现代国家建设的一个重要环节，影响政治、经济等其他方面。为促

* 胡曾莉，四川大学外国语学院俄文系博士研究生。

进全国文化和各地区文化的发展，俄罗斯联邦政府和各地区政府都做出了相应的努力。

一 地区文化概况

（一）语言

俄罗斯联邦是一个多语言国家，根据俄罗斯科学院语言研究所（Институт языкознания Российской академии наук）项目“俄罗斯语言”[①] 统计，2022 年在俄罗斯活跃着 155 种语言[②]。俄语是俄罗斯全国通用的联邦官方语言。除了俄语，俄罗斯各联邦主体还有权规定自己的官方用语。伏尔加河沿岸联邦区内，除俄语外的官方语言有巴什科尔托斯坦共和国的巴什基尔语、楚瓦什共和国的楚瓦什语、莫尔多瓦共和国的厄尔兹亚语和莫克沙语、马里埃尔共和国的马里语、鞑靼斯坦共和国的鞑靼语和乌德穆尔特共和国的乌德穆尔特语。

---

① “俄罗斯语言”项目开始于 2019 年，由语言学博士、俄罗斯科学院语言研究所高级研究员 Ю. Б. 科里亚科夫主持。项目致力于俄罗斯语言研究、语言选择标准和语言清单汇编。项目由总统基金会（Фонд Президентских Грантов）共同出资。项目第一期已获资助 4421696 卢布，项目第二期仍在进行中。

② 《2022 年俄罗斯语言清单》，«Список языков России（v2022）»，Дата обращения，09 марта 2023，http：//jazykirf. iling-ran. ru/。

（二）文化基础设施

现代居民特别是城市市民的文化生活离不开各类文化基础设施，如图书馆、博物馆、剧院等。事实上，它们也构成了衡量特定文明现代化程度的重要指标。借助俄罗斯联邦文化部自动化信息系统[①]所做的统计报告，我们可以对伏尔加河沿岸联邦区内的文化基础设施数量有一个直观的了解。

根据修道士涅斯托尔（Нестор）的说法，第一个已知的俄罗斯图书存放处是由智者雅罗斯拉夫（Ярослав Мудрый）于 1037 年前后在圣索菲亚大教堂建立的。这里曾收藏着最完整的古罗斯文字遗迹。当时最重要的国家文件都存放在这里。[②] 时至今日，俄罗斯已形成了完整的图书馆体系。据《2021 年俄罗斯联邦公共图书馆数量》（«Общедоступные библиотеки Российской Федерации в цифрах 2021»）统计，截至 2021 年底，俄罗斯联邦各部门的公共图书馆共计 41356 个，其中有 10 个图书馆隶属于联邦文化部，剩下 41346 个图书馆则由各地方文化部门和其他联邦部门管理。伏尔加河沿岸

---

① “Автоматизированная информационная система «Статистика»”，简称“АИС «Статистика»”，是俄罗斯联邦文化部用于收集、处理、储存和分析国家和部门统计报告的分布式自动化信息系统，旨在编制文化部门状况的统计报告，并整合文化部、各联邦实体的行政当局和负责文化领域管理的地方当局的统计数据。统计报告可在官方网站下载：https：//stat. mkrf. ru/。

② Балкова И. В.，*История Библиотечного дела*. М.：Пашков дом，2013，С. 20.

联邦区内共有 10752 个公共图书馆，图书馆数量在各联邦区中位居第一。[①]

根据俄罗斯联邦文化部组织调研并完成的另一统计报告，即《2021 年俄罗斯联邦博物馆和动物园数量》（«Музеи и зоопарки Российской Федерации в цифрах 2021»），截至 2021 年底，俄罗斯联邦各部门和组织建立的博物馆共计 2981 座[②]，其中由文化部管理的博物馆共计 2826 座[③]，在这 2826 座博物馆中，联邦博物馆有 125 座[④]，地方博物馆有 2701 座[⑤]。在伏尔加河沿岸联邦区内，俄罗斯联邦文化部下属博物馆数量仅次于中央联邦区，位居第二。

俄罗斯的剧院文化非常发达，看剧、听剧已成为俄罗斯民众文化生活中一个不可或缺的部分。在俄罗斯，剧院数量惊人。根据《2021 年俄罗斯联邦剧院数量》（«Театры Российской Федерации в цифрах 2021»）统计报告，截至 2021 年，全俄受官方机构管理的剧院共计 679 家，其中有 78 家歌剧和芭蕾剧院、10 家音乐喜剧剧院、383 家戏剧院、78

---

① ГИВЦ Минкультуры России. *Общедоступные библиотеки Российской Федерации в цифрах 2021*, Москва, 2021, С. 23–25.

② ГИВЦ Минкультуры России. *Музеи и зоопарки Российской Федерации в цифрах 2021*, Москва, 2021, С. 5.

③ ГИВЦ Минкультуры России. *Музеи и зоопарки Российской Федерации в цифрах 2021*, Москва, 2021, С. 7.

④ ГИВЦ Минкультуры России. *Музеи и зоопарки Российской Федерации в цифрах 2021*, Москва, 2021, С. 9.

⑤ ГИВЦ Минкультуры России. *Музеи и зоопарки Российской Федерации в цифрах 2021*, Москва, 2021, С. 11.

家青年剧院、111 家木偶剧院和 19 家其他类别剧院。[①] 在这 679 家剧院中，有 645 家受俄罗斯联邦文化部管理[②]，34 家受其他机构管理[③]。在受俄罗斯联邦文化部管理的 645 家剧院中，伏尔加河沿岸联邦区内有 129 家（见表 4-1），数量在俄罗斯 8 个联邦管区中位居第二，仅次于中央联邦区。

表 4-1　俄罗斯联邦文化部管辖剧院数量

单位：家

主体	剧院总数	其中包括					
		歌剧和芭蕾剧院	音乐喜剧剧院	戏剧院	青年剧院	木偶剧院	其他类别剧院
中央联邦区	184	19	1	110	19	27	8
伏尔加河沿岸联邦区	129	14	3	67	23	21	1
巴什科尔托斯坦共和国	14	1	0	9	3	1	0
马里埃尔共和国	6	1	0	3	1	1	0
莫尔多瓦共和国	5	1	0	2	0	2	0
鞑靼斯坦共和国	19	2	0	12	3	2	0
乌德穆尔特共和国	7	1	0	5	0	1	0
楚瓦什共和国	6	1	0	3	1	1	0
彼尔姆边疆区	13	2	0	8	2	1	0
基洛夫州	3	0	0	1	1	1	0

① ГИВЦ Минкультуры России. *Театры Российской Федерации в цифрах 2021*, Москва, 2021, С. 8.

② ГИВЦ Минкультуры России. *Театры Российской Федерации в цифрах 2021*, Москва, 2021, С. 10.

③ ГИВЦ Минкультуры России. *Театры Российской Федерации в цифрах 2021*, Москва, 2021, С. 19.

续表

主体	剧院总数	其中包括					
		歌剧和芭蕾剧院	音乐喜剧剧院	戏剧院	青年剧院	木偶剧院	其他类别剧院
下诺夫哥罗德州	13	2	1	5	2	3	0
奥伦堡州	7	0	1	4	0	2	0
奔萨州	5	0	0	2	2	1	0
萨马拉州	16	2	0	6	5	3	0
萨拉托夫州	11	1	1	5	2	1	1
乌里扬诺夫斯克州	4	0	0	2	1	1	0
西伯利亚联邦区	75	9	2	42	8	14	0
西北联邦区	71	12	1	37	7	12	2
南部联邦区	50	8	0	26	6	9	1
乌拉尔联邦区	50	7	1	24	6	12	0
远东联邦区	45	6	0	22	4	11	2
北高加索联邦区	41	9	2	42	8	14	0

资料来源：ГИВЦ Минкультуры России. *Театры Российской Федерации в цифрах 2021*, Москва, 2021, С. 23–29。

（三）历史文化建筑

伏尔加河沿岸联邦区面积辽阔，文化历史遗迹和文化建筑众多。这里，许多不同类型的古代建筑和现代建筑交相辉映。在伏尔加河沿岸每一座城市里都能捕捉到俄罗斯传统文明和现代文化的光辉。

在鞑靼斯坦共和国，坐落着俄罗斯穆斯林的朝圣圣地——

保加利亚历史和建筑博物馆保护区。922 年，鞑靼人的祖先正是在此地接受了伊斯兰教。它是 13~14 世纪中叶保加利亚-鞑靼建筑的独特范例，是早已消逝的伏尔加保加利亚、金帐汗国存在的证据。2014 年，该建筑群被联合国教科文组织列入世界遗产名录，这里珍藏着世界上印刷规模最大的《古兰经》。同样被联合国教科文组织列入世界遗产名录的还有始建于 10 世纪、改建于 16 世纪的喀山克里姆林宫①与斯维亚日斯克历史建筑和自然景观综合体。历史名城斯维亚日斯克市存有一座圣母升天大教堂，该教堂于 1992 年被联合国教科文组织列入世界遗产名录。在鞑靼斯坦共和国分布着众多宗教建筑，除了上述大教堂，还有建于彼得一世时期的彼得和保罗大教堂，此外，还有伊斯兰教的库尔沙里夫清真寺。卡马尔剧院是鞑靼斯坦的现代化标志性建筑，剧院凭借“卡班湖上的冰花”建筑造型成为新的文化地标，在这儿可以直接体会到鞑靼文化和现

① 根据考古发掘资料，保加利亚人于 10 世纪末至 11 世纪初在克里姆林山北端建造了第一座防御工事，即喀山克里姆林宫前身。11~16 世纪，随着喀山政权不断更迭，从伏尔加保加利亚到金帐汗国再到喀山汗国，防御工事经历了由木制到石制、被废弃、被扩建等复杂变化。汗国时期，还出现了可汗宫殿、清真寺等建筑。直到 16 世纪中叶，伊凡雷帝占领喀山后，指派著名的普斯科夫建筑师波斯特尼克·雅科夫列夫和伊万·希亚伊建造了一座新的白石克里姆林宫。在汗国工事遗迹上，一个由 13 座塔楼和堡垒墙组成的新防御工事拔地而起。除防御结构外，建筑师们还在喀山克里姆林宫境内建造了第一座东正教教堂。后期喀山要塞不断被扩建，也因战争不断被破坏，修复工作仍在进行中。参见喀山克里姆林宫官网资料：История Казанского Кремля（Электронные ресурсы），Дата обращения，09 марта 2023，https：//kazan - kremlin. ru/istoriya - kazanskogo-kremlya/。

代科技的结合。该剧院所有表演都是用鞑靼语进行的，不懂鞑靼语的观众可以借助座位旁边的耳机收听俄语或英语翻译。

在伏尔加河地区的“文化之都”，即楚瓦什共和国首府切博克萨雷，坐落着众多历史悠久的教堂和寺庙，如圣三一男子修道院、天使长米哈伊尔教堂、圣弗拉基米尔山等。切博克萨雷市内有着共和国最重要的建筑遗迹之一——由伊凡雷帝下令建造的维京斯基大教堂。圣母升天教堂则是另一个标志性建筑。费多尔·叶夫列莫夫豪宅是20世纪初切博克萨雷最美丽的宅院之一，也是该市唯一幸存至今的新艺术风格建筑。现今，该建筑作为楚瓦什国立艺术博物馆俄罗斯艺术藏品和国外艺术藏品分部。在这儿可以欣赏到А. И. 库因芝（А. И. Куинджи）（1842~1910）、В. И. 苏里科夫（В. И. Суриков）（1848~1916）、И. И. 列维坦（И. И. Левитан）（1860~1900）、И. Е. 列宾（И. Е. Репин）（1844~1940）、尼古拉·费申（Н. Фешин）（1881~1955）等俄罗斯和欧美艺术家的真迹。[①] 切博克萨雷“文化之都”的名声还体现于城市里各种独特的博物馆。这里有可以了解楚瓦什及其人民历史的楚瓦什国立博物馆，也有全俄唯一的拖拉机历史博物馆，还有介绍啤酒

① 参见楚瓦什国立艺术博物馆官网新闻中心报道：Отдел русского и зарубежного искусства после реконструкции вновь открылся（Электронные ресурсы），Дата обращения，09 марта 2023，https：//artmuseum. ru/presscenter/aktualjno/2022/11/07/Otdel _ russkogo _ i _ zarubezhnogo _ iskusstva _ posle _ rekonstrukcii _ vnov? ysclid = lf24uuz9dg114371477。

酿造历史和技术的啤酒博物馆。除此之外，这里还有为纪念苏俄国内战争时期著名的红军指挥官 В. И. 恰巴耶夫（夏伯阳）（В. И. Чапаев）（1887～1919）而建造的博物馆。在切博克萨雷附近的库格西村镇坐落着一间有趣的博物馆：比丘林和现代博物馆。博物馆正是以著名的俄罗斯汉学家 Н. Я. 比丘林（Н. Я. Бичурин）（1777～1853）的名字命名。它旨在介绍比丘林的学术研究和学术成就，以及楚瓦什的地方历史和民族志。除了这座博物馆，在切博克萨雷还有以该学者名字命名的街道以及两座纪念碑。有趣的是，在切博克萨雷还坐落着俄罗斯最古老的监狱。该建筑是根据伊凡雷帝的指示于 1648 年建造的。1871 年，监狱被命名为“切博克萨雷监狱城堡”。① 牢房里曾关押过强盗、十二月党人、民意党人，以及农民起义领袖。相传，斯捷潘·拉津（Степан Разин）（约 1630～1671）和他的兄弟弗罗尔曾在此服刑。

莫尔多瓦共和国两个规模最大的博物馆是莫尔多瓦共和国当地传说博物馆及其 9 个分馆，以及莫尔多瓦埃里贾造型艺术博物馆及其 3 个分馆。除此之外，在该共和国内还有 100 多家小型博物馆，包括附属于一些教育机构和企业的小型博物馆。共和国最大的图书馆是普希金国家图书馆。在莫尔多瓦国立大学内还设有以 М. М. 巴赫金（М. М. Бахтин）的名字命名的

① Лев Васильев. *Пожизненный срок острога*. Газета «Советская Чувашия»（Электронные ресурсы），Дата обращения，09 марта 2023，http：//sovch. chuvashia. com/？ p=68789.

最大的科学图书馆。

乌德穆尔特共和国，从一定意义上来说，是军事迷的天堂。在伊热夫斯克坐落着以米哈伊尔·卡拉什尼科夫（М. Т. Калашников）（1919~2013）的名字命名的轻武器博物馆。在这里可以看到 AK-47 突击步枪发明人卡拉什尼科夫的生平故事，可以探究伊热夫斯克的武器生产历史，可以看到 200 年来伊热夫斯克机械厂生产出来的各种武器模型。[①] 另外一座军事博物馆是伊兹马什工厂博物馆。这座博物馆主要展示的是由伊兹马什工厂开发和生产的俄罗斯手持武器样品。几个按时间顺序排列的大厅展示了俄罗斯武器装备的发展历史——从旧式步枪到现今公开的射击武器，还有一个单独的展厅专门介绍卡拉什尼科夫及其改装的自动步枪。

乌里扬诺夫斯克州最古老的建筑是建于 1649 年的阿斯克神庙建筑群，以及位于圣尼古拉斯山上的圣尼古拉斯礼拜堂。

奔萨州的塔尔罕内莱蒙托夫国家文物博物馆保护区是诗人莱蒙托夫（М. Ю. Лермонтов）（1814~1841）外祖父的庄园，诗人正是在这儿度过了他的童年，诗人的遗体也葬在庄园内的家族墓地里。自 1917 年起，每年 7 月的第一个周末都会在塔尔罕内举行全俄莱蒙托夫诗歌节，许多文化界人士、诗歌爱好者都会来参加。

萨拉托夫州的拉季舍夫艺术博物馆开放于 1885 年，是俄

---

① 参见博物馆官方网站介绍：Дата обращения，09 марта 2023，https：//www. museum-mtk. ru/about/。

罗斯最古老的博物馆之一，也是该州第一座对外开放的博物馆。这座博物馆由俄罗斯著名画家 А. П. 博戈柳博夫（А. П. Боголюбов）（1824~1896）提议修建，画家为了纪念自己的祖父 А. Н. 拉季舍夫（А. Н. Радищев）（1749~1802），向博物馆捐赠了许多自己的收藏品。[①] 拉季舍夫艺术博物馆拥有大量珍贵的 19 世纪时期的西欧画作，博物馆藏品的分量仅次于埃尔米塔什冬宫博物馆和普希金国立美术馆。

（四）文化名人

有许多享誉全俄乃至全世界的杰出文化名人都曾出生或生活于伏尔加河沿岸联邦区，或者，他们的社会活动与这片土地有着千丝万缕的关系，因而这里有他们的纪念碑、纪念馆、故居博物馆，以及以他们的名字命名的大学、街道等。

这片土地上最著名的政治家莫过于无产阶级革命导师列宁（1870~1924）。列宁出生于乌里扬诺夫斯克州的首府乌里扬诺夫斯克。1924 年，为了纪念列宁，城市名称由“辛比尔斯克”改为“乌里扬诺夫斯克”（列宁原姓乌里扬诺夫）。该州还在 1970 年修建了乌里扬诺夫斯克列宁纪念博物馆，1984 年又修建了列宁故乡博物馆保护区。除了列宁，乌里扬诺夫斯克还养育了作家、历史学家 Н. М. 卡拉姆津（Н. М. Карамзин）（1766~1826），作家 И. А. 冈察洛夫（И. А. Гончаров）

① 参见博物馆官方网站介绍：Дата обращения，09 марта 2023，https：//radmuseumart. ru/museum/history/。

（1812~1891），苏联画家、苏联美术研究院院士、斯大林奖金和列宁奖金获得者 П. А. 普拉斯托夫（П. А. Пластов）（1893~1972），俄罗斯新现代古典概念画家、肖像画画家尼卡斯·萨夫罗诺夫（Никас Сафронов）（1956~）。

18 世纪的俄国作家 С. Т. 阿克萨科夫（С. Т. Аксаков）（1791~1859）出生于巴什科尔托斯坦共和国，在乌法建有该作家的故居博物馆。

20 世纪享誉世界的雕塑家 С. Д. 涅费多夫-埃里贾（С. Д. Нефёдова-Эрьзи）（1876~1959）是著名的莫尔多瓦艺术家之一，他的作品在世界范围内都得到了认可，他的作品体现了其对莫尔多瓦文化的关注和重视。为纪念他，莫尔多瓦修建了以其命名的博物馆——莫尔多瓦埃里贾造型艺术博物馆。出生于 19 世纪末的音乐家、作曲家和指挥家 Л. И. 沃伊诺夫（Л. И. Воинов）（1898~1967）也是莫尔多瓦的文化名人。无论是萨兰斯克和捷姆尼科夫的街道，萨兰斯克和捷姆尼科夫的音乐学校，还是当地的俄罗斯民间乐器管弦乐队……人们常选择以他的名字命名。

俄罗斯著名作曲家 П. И. 柴可夫斯基（П. И. Чайсковский）（1840~1893）出生于乌德穆尔特共和国的伏特金斯克市。1940 年，为纪念柴可夫斯基 100 周年诞辰，其在伏特金斯克市的故居被打造成博物馆，正式向公众开放。

А. П. 博戈柳博夫之所以提议在萨拉托夫州修建以其祖父拉季舍夫命名的艺术博物馆，是因为俄国 18 世纪思想家、革命活动家、文学家 A. H. 拉季舍夫正是出生于萨拉托夫。萨拉托夫还是革命民主主义者、文学评论家、作家 H. Г. 车尔尼雪夫斯基（Н. Г. Чернышевский）（1828～1889）的出生地。车尔尼雪夫斯基出生于萨拉托夫的一个神父家庭，毕业于当地的神学院。1846 年，车尔尼雪夫斯基从神学院毕业前往圣彼得堡求学，1851 年从圣彼得堡大学毕业后，他又回到了萨拉托夫，在当地中学任语文老师。车尔尼雪夫斯基的妻子也是萨拉托夫人，他们结婚后不久，车尔尼雪夫斯基就又搬去了圣彼得堡。后来，车尔尼雪夫斯基被流放，直到 1889 年才被准许返回故乡萨拉托夫。车尔尼雪夫斯基在返乡 4 个月后就离开了人世。人们为了纪念车尔尼雪夫斯基，用他的名字命名了当地最大的广场、街道以及萨拉托夫国立大学，为他修建了多座纪念碑，对他的故居进行保护性开放。

还有一些作家、艺术家，虽然不是生长于这片土地，但他们的作品与这片土地有着千丝万缕的关系。例如，作家 Л. Н. 托尔斯泰（Л. Н. Толстой）（1828～1910）、С. Т. 阿克萨科夫（С. Т. Аксаков）（1791～1859）、М. 高尔基（М. Горький）（1868～1936），诗人 Г. Р. 杰尔查文（Г. Р. Державин）（1743～1816）、М. 茨维塔耶娃（М. Цветаева）（1892～1941），他们在喀山度过的岁月对各自的创作产生了很大的影响。И. И. 希什金（И. И. Шишкин）（1832～1898）是俄国杰出的风景画大师，他的创作灵感离不开鞑靼斯坦的美丽风光。

才华横溢的苏联古典芭蕾舞演员 Л. М. 纽瑞耶夫（Л. М. Нуриев）（1938～1993）曾在乌法学习芭蕾舞，在那儿度过了他的童年和青年时代。纽瑞耶夫推动了芭蕾舞的传播，并重新确立了男演员在芭蕾舞剧中的重要地位。20 世纪，苏联哲学家、文艺理论家 М. М. 巴赫金（М. М. Бахтин）（1895～1975）曾在萨兰斯克生活和工作。2015 年，莫尔多瓦国立大学设立了巴赫金中心，该中心陈列了巴赫金在萨兰斯克公寓的一角，收藏了巴赫金的一些读书笔记及其不同语言的出版物。

二 代表性少数民族文化

伏尔加河沿岸联邦区内聚居着大大小小上百个民族，各个民族混居于联邦区内各联邦主体。尽管大部分少数民族已经融入现代生活，但他们在日常生活的某些方面仍保持着自己的民族特性，守护着传统的风俗习惯。不同民族之间的文化在这片土地上接触、碰撞，其中最具代表性的少数民族文化有 6 种形态。

（一）巴什基尔族文化

联邦区内的巴什基尔人主要生活在巴什科尔托斯坦共和国，也有不少巴什基尔人生活在彼尔姆边疆区、奥伦堡州、萨马拉州和萨拉托夫州。

巴什基尔人有自己的民族文学，口头文学是其早期形态。这些口头民间作品反映了古巴什基尔人对自然的看法以及他们的日常生活经验、道德理想等，主要有史诗、童话、谚语、歌曲等体裁。巴什基尔人最具代表性的民族作品是三部史诗，即《乌拉尔勇士》（«Урал-батыр»）、《阿布克扎特》（«Акбузат»）和《扎亚图里亚克和黑乌黑雷乌》（«Заятуляк и Хыухылыу»），它们属于共和国的非物质文化遗产。以《乌拉尔勇士》为例，它是巴什基尔人最古老的库巴伊尔（Кубаир：巴什基尔族的一种诗歌体裁），是巴什基尔文学的丰碑。史诗讲述了乌拉尔勇士为了人民幸福同邪恶的自然力量做斗争，其中涵盖了关于洪水、世界起源等的古老神话。除此之外，巴什基尔民族最著名的一首民间长歌是《乌拉尔》（«Урал»）。它讲述了每个巴什基尔人都有保卫他们祖先的土地——乌拉尔——的神圣职责，为此甚至不惜牺牲自己的生命。歌曲中的乌拉尔并不是指划分欧亚的乌拉尔山脉，而是整个历史上巴什科尔托斯坦的象征，是巴什基尔人的发源地。[①] 现代巴什基尔文学在 20 世纪蓬勃发展，得益于 20 世纪 20 年代巴什基尔标准语的形成，涌

① 对巴什基尔史诗的介绍参见巴什科尔托斯坦共和国文化部官方网站之非物质文化遗产目录：Информация о реестре（Электронные ресурсы），Дата обращения，09 марта 2023，https：//onknrb. bashmusic. net/o-reestre/informatsiya-o-reestre；Юлдыбаева Г. В. Башкирским мифологическим эпос « Урал - батыр »: история изучения и популяризация // Проблемы истории，филологии，культуры，2014，№4（46），С. 265-272。

现出了一大批作家、诗人。

巴什基尔最重要的民族节日有“萨班图伊”犁节（Сабантуй），这是巴什基尔人和鞑靼人庆祝春耕结束的传统节日。类似的节日还存在于伏尔加河沿岸地区的其他民族中，如楚瓦什人、莫尔多瓦人、马里人和乌德穆尔特人。犁节原是在春季或初夏举行，即播种开始前，但现代的犁节是按照苏联传统在播种结束后举行的，是春播结束后的一种总结性活动。在节日里人们互相祝愿丰收、健康、幸福，赛马、摔跤、跑步等讲究敏捷性的比赛是庆祝犁节的重要活动。[①]

巴什基尔人的传统美食与他们早期的游牧生活密不可分。很多巴什基尔牧民最喜欢的一道菜是传统的肉类菜肴比什巴尔马克（бишбармак）。[②] 这道菜通常选用羊肉或马肉骨头上的肥肉，烹制好后会加上面条一起吃。马肉肠（Казы-kaҙы）也是巴什基尔人的传统美食，它满足了巴什基尔人对保持肉制品

① 对“萨班图伊”犁节的介绍参见巴什科尔托斯坦共和国文化部官方网站之非物质文化遗产目录：Йыйын－Сабантуй／башкирский праздник（Электронные ресурсы），Дата обращения，09 марта 2023，https：//onknrb. bashmusic. net/ekspertnyj-sovet/2-zasedanie-ekspertnogo-soveta/1169-1-bashkirskij-prazdnik-jyjyn-sabantuj；Шайдуллин Р. В. Традиционные празднества народов татарстана：историко－культурологический аспект（1990－2020－Е ГГ.）// Известия Общества археологии，истории и этнографии при Казанском университете，2021，№2，С. 199-213。

② 参见巴什科尔托斯坦共和国文化部官方网站之非物质文化遗产目录：Бишбармак／башкирская национальная кухня（Электронные ресурсы），Дата обращения，09 марта 2023，https：//onknrb. bashmusic. net/ekspertnyj-sovet/2-zasedanie-ekspertnogo-soveta/1179-bashkirskaya-natsionalnaya-kukhnya-bishbarmak。

味道和营养的需求。巴什基尔人大多会在冬季，即大规模屠宰牲畜的时候，大量制作和囤积马肉肠。[①] 这两道非常具有代表性的菜肴，作为巴什基尔民族美食的象征，经常出现在巴什基尔人的节日盛宴中。巴什基尔人也有自己的饮食禁忌，他们不吃猪肉和腐肉做的食物。

（二）鞑靼族文化

鞑靼族是一个古老的民族，其历史根源可以追溯到突厥和保加利亚部落。鞑靼族是仅次于俄罗斯族的俄罗斯联邦第二大民族，主要有 3 个民族分支：伏尔加-乌拉尔鞑靼人、阿斯特拉罕鞑靼人和西伯利亚鞑靼人。伏尔加河沿岸联邦区内的鞑靼人主要是伏尔加-乌拉尔鞑靼人。1212 年，库尔·加里用古鞑靼语写成的《优素福的故事》（«Сказание о Йусуфе»）是鞑靼-保加利亚文字的最早遗迹之一，这首诗歌影响了鞑靼文学的进一步形成，被认为是鞑靼民族文学的开端。在印刷术被引进和广泛使用之前，古老的鞑靼书籍都是手抄本。鞑靼书籍遗产史专家米尔卡瑟玛·乌斯玛诺娃（Миркасыма Усманова）院士研究认为，14~16 世纪是鞑靼手抄本迅速发展的时期。第一份鞑靼语印刷的出版物是波斯战役时期的《彼得一世宣言》，它于

① 参见巴什科尔托斯坦共和国文化部官方网站之非物质文化遗产目录：Казы-kaȝы / башкирское национальное блюдо（Электронные ресурсы），Дата обращения，09 марта 2023，https：//onknrb. bashmusic. net/ekspertnyj - sovet/2 - zasedanie - ekspertnogo - soveta/1178 - bashkirskoe - natsionalnoe-blyudo-kazy-a-y？ysclid=lf3cuf7y1r914701587。

1722 年在彼得一世的行军印刷厂出版。[①] 19~20 世纪迎来了鞑靼语印刷书籍的鼎盛时期，这一时期有两个人为鞑靼书刊文化的发展做出了重要贡献。其中之一是加布德拉希特·伊布拉吉莫夫（Габдрашит Ибрагимов），他为俄国境内的穆斯林出版鞑靼语、阿拉伯语和哈萨克语的期刊。另外一人加利阿斯卡尔·卡玛尔（Галиаскар Камал）（1878~1933）是多家鞑靼报刊的创办人，也是将果戈理和高尔基作品翻译成鞑靼语、引入鞑靼语世界的发起者和组织者。杂志《恰扬》（«Чаян»）是一本具有百年历史的鞑靼语和俄语双语周刊，它是讽刺幽默周刊，从 1923 年出版至今。苏联时期，鞑靼现代文学迅速发展，涌现了一批作家、诗人和翻译家，最具代表性的作家是苏联作家协会成员 Б. В. 苏莱曼诺夫（Б. В. Сулейманов），他被称为西伯利亚鞑靼人的第一位职业诗人、作家和政论家。

鞑靼民族的主要宗教信仰是伊斯兰教，也有部分人士信仰东正教。伊斯兰文化风俗影响着鞑靼人的日常生活。以伏尔加河地区鞑靼新生儿诞生的传统为例，传统上，孕妇会在脐带奶奶即助产士的帮助下在家中分娩。[②] 通常，每个鞑靼村庄都会有自己的脐带奶奶，脐带奶奶通常是一个已生育的老妇人。根

---

① Юлдуз Халиуллин. *История возникновения и развития татарской книги* (Электронные ресурсы), Дата обращения, 09 марта 2023, www. tatmsk. tatarstan. ru. «Независимая газета» (8 октября 2014).

② Сайфутдинова Г. Б. Традиции, связанные с рождением ребенка у татар Поволжья // Вестник СамГУ. 2010. №79. С. 107-111.

据19世纪著名民族学家苏哈列夫（A. Сухарев）的研究，过去的鞑靼妇女一般在地上或稻草上分娩，这种习俗与对大地母亲、生育女神、女性生育能力的崇拜有关。[①] 在新生儿出生后，还有一系列的产后仪式，如人们会连续三天加热澡堂，以便助产士为产妇和新生儿沐浴。通常，人们会在水中放入盐和硬币（或者是金、银戒指）。鞑靼人认为，这些物品象征着财富、繁荣、健康和幸福。助产士在洗澡时会用力抚摸婴儿的头部，试图使其呈圆形。圆润的头型通常被认为是美丽的。助产士也会捏挤婴儿的鼻子，因为根据民间大众审美，狭窄的鼻子更美丽。助产士还会通过按摩动作使新生儿的腿部平整。[②] 鞑靼人的“家庭分娩”生育仪式一直持续到20世纪50~60年代，随着医疗保健的发展和医疗服务的改善逐渐消失。新生儿的命名仪式对鞑靼家庭来说尤为重要。父母会在孩子出生后不久，邀请毛拉主持孩子的命名仪式。父母会邀请客人们参加命名仪式，并慷慨款待这些客人，客人也要为新生儿送上祝福和礼物。男孩会根据伊斯兰传统行割礼。这个仪式通常由专业人士来执行，他们通常是从父辈和祖辈那里继承的技能。有些村庄的男性甚至以进行割礼为主要职业。[③]

---

① Сухарев А. А. Казанские татары（уезд Казанский）, СПб. , 1904, С. 41-46.

② Троицкая А. Л. Рождение и первые годы жизни у таджиков долины Заравшана //Советская этнография, 1935, № 6, С. 109-135.

③ Уразманова Рауфа «Мусульманские» обряды в быту татар // Россия и мусульманский мир, 2009, №6, С. 29-45.

鞑靼人的婚礼有许多鲜明的特点。传统的鞑靼婚礼离不开尼卡罕仪式，这是穆斯林的婚礼仪式，由伊玛姆在清真寺和家中为新人主持。参加尼卡罕仪式的男士头戴绣花小圆帽，新娘则是身着长袖连衣裙，戴头巾。虽然在现代社会，这个仪式并不具备法律约束力，但它体现了鞑靼人对祖先的尊敬。鞑靼人在婚礼仪式上还有一些有趣传统，如一些家庭会遵循在岳父岳母家里接媳妇的习俗：丈夫的父母热情地欢迎女孩，婆婆将柔软的垫子放在新娘的脚下。这个仪式有两个含义：一方面，这表示了婆婆对新媳妇的尊敬；另一方面，垫子象征温柔安静，婆婆希望儿子的妻子能够具有这样的品质，不要与她的新亲戚们发生冲突。还有一个传统是用蜂蜜招待新娘，蜂蜜象征着亲切的话语，表示婆婆希望儿媳妇将来说话像蜜一样甜。①

鞑靼人也会按照传统习俗向逝者告别。人们会给逝者整理仪容，洗净逝者的身体后，裹上特殊的裹尸布。葬礼会在死亡当天或第二天举行。逝者被抬上木制担架安放在坟墓里，双脚朝南——朝向穆斯林的主要圣地麦加。按照传统，逝者的遗体绝不能被土覆盖。人们会在第 3 天、第 7 天和第 40 天守灵。

---

① 上述描述反映了鞑靼人婚礼习俗的一些传统做法，旨在提供对这一文化现象的初步了解。然而，具体实践可能受到地理位置、社会结构、家族传承以及个人选择等多种因素的影响，从而导致不同程度的差异。此外，文化习俗本身随时间而演变，现代化和全球化的影响也可能促使一些传统做法发生变化。因此，描述的内容可能不完全适用于所有鞑靼人。在探讨新生、婚葬等其他生活仪式时，同样的原则也适用于后文提及的其他少数民族。

在第 7 天，妇女被允许参加追悼会。按照伊斯兰教义，游坟是取悦真主的行为。因此，有人认为，拜访死者的坟墓就等同于拜访麦加。这就是每逢节假日鞑靼公墓人流如梭的原因。游坟时必须行为得体，不能践踏坟墓。墓地是用来思考上帝、思考来世、阅读《古兰经》的地方。妇女是否可以前往死者的坟墓？人们在这个问题上众说纷纭：有人赞成，有人反对。但喀山鞑靼人没有妇女参观墓地的习俗。①

在鞑靼人的传统中，宴席上的饮酒情况因情境和宴席类型而异。在一些传统的宴席上，如“картлар ашы”或“олылар ашы”（即为老年人和长者举办的宴席），通常不会提供酒精饮料，而是会有阅读《古兰经》、祈祷等宗教仪式。此外，男女可能会分开就餐，或者只邀请特定的性别参加宴席。在一些现代宴席上，男女可以同时参加，宴会会提供酒精饮料，并伴有歌唱、舞蹈等娱乐活动。②

鞑靼人传统节日文化的特殊性在于它包括宗教节日和世俗节日。鞑靼人的民间节日，如重要的萨班图伊（Сабантуй）和德日恩（Джиен），是以非宗教形式庆祝的，这些节日通常与农业相关。③ 鞑靼人对斋戒（Ураза гаете）和古尔邦节

① Садыкова Р. Б., Шарафутдинов Дамир Рауфович Похоронные обряды татар // Гасырлар авазы – Эхо веков, 2009, №3-4, С. 297-307.

② Уразманова Рауфа «Мусульманские» обряды в быту татар // Россия и мусульманский мир, 2009, №6, С. 29-45.

③ Габдрахманова Г. Ф., Загидуллина Д. Ф., Галимова Э. М. *Татарский мир*, Казань: Татарское книжное издательство, 2020, С. 238.

（Корбан гаете）这两个在伊斯兰世界拥有重要地位的节日的态度是非常虔诚的。对鞑靼人来说，还有一个重要的宗教节日就是纳吾鲁孜拜兰节（Навруз Байрам）。穆斯林自古以来就庆祝这个节日，根据伊斯兰日历，这一天是新年的起点。在今天的鞑靼斯坦共和国，该节日有了新的意义，即象征着不同民族之间的友谊与和谐。在这一天，人们习惯带着各种茶点相互拜访。

与其他民族美食一样，鞑靼美食也有深厚的历史渊源。由于几个世纪以来的定居生活方式和畜牧业的发展，他们的饮食特点之一是大量的肉类菜肴和各种奶制品。鞑靼人和所有穆斯林一样，严格禁止吃猪肉。因此，他们只用羊肉、牛肉、马肉和一些家禽肉进行腌制、盐渍、烘烤和制作香肠。各式的肉馅饼是鞑靼的特色美食。鞑靼的甜食也是闻名遐迩，如著名的鞑靼恰克恰克，即用蜂蜜和坚果制成的俄式沙琪玛，还有多层甜蛋糕，这些仅仅是各种鞑靼糕点中的一小部分。

（三）楚瓦什族文化

伏尔加河沿岸联邦区内只有两个原住民人数超过 50% 的联邦主体，一个是鞑靼斯坦共和国，另一个是楚瓦什共和国。[①] 楚瓦什人是楚瓦什共和国的原住民。

① Приволжский федеральный округ（Электронные ресурсы），Дата обращения，09 марта 2023，http：//pfo. gov. ru/district/? ysclid = l7dl5eagpn44791153.

楚瓦什民族有自己的文学传统。16 世纪之前，即楚瓦什文学尚未接受俄罗斯民族文学影响之前，楚瓦什人的文学艺术主要呈现为民间传说、故事、歌曲等，这些也构成了楚瓦什民族艺术文化发展的主要来源。楚瓦什民间故事是楚瓦什历史的重要记录。鞑靼-蒙古人的统治、喀山汗国的统治以及后来楚瓦什人被纳入俄罗斯国家的重大历史事件都深深地反映在楚瓦什人民的民间传说中。乌雷普（Улып）是楚瓦什民间传统中的一个重要形象。乌雷普是一个强壮而善良的巨人，是劳动人民理想的化身。他帮助人们拔除树木以扩大耕地，保护人民免受敌人的袭击和自然灾害的破坏。① 楚瓦什启蒙者 И. Я. 雅科夫列夫（И. Я. Яковлев）（1848~1930）对楚瓦什民族文字和文学的发展做出了重要贡献。雅科夫列夫最大的功绩是在西里尔字母的基础上创作了楚瓦什字母表，出版了第一本楚瓦什语启蒙读物，以及数百本有关宗教、文学、历史、自然科学、音乐等方面的楚瓦什语书籍。② 第一份以楚瓦什语出版的期刊《亥帕尔》（«Хыпар»）诞生于 1906 年，“为楚瓦什人民服务”

---

① 更多有关乌雷普的形象可参见苏因·赫维德尔（Сюин Хведер）根据英雄神话、歌曲和故事创作的楚瓦什史诗《乌雷普》（«Улып»）。

② Биография И. Я. Яковлева | Министерство культуры, по делам национальностей и архивного дела Чувашской Республики（Электронные ресурсы），Дата обращения，09 марта 2023，https：//culture. cap. ru/action/activity/sobitiya/novogodnie-meropriyatiya-v-chuvashskoj-respublike/170-let-so-dnya-rozhdeniya-chuvashskogo-prosvetite/biografiya-iya-yakovleva？ysclid=lqp8sx9gl1599927667.

是该刊的办刊宗旨，是共和国唯一的楚瓦什语出版物。[1] 它出版了楚瓦什诗人的诗歌作品，如雅科夫·图尔汗（Яков Турхан）的诗，М. 阿基莫夫（М. Акимов）、Д. 吉米多夫·尤尔塔什（Д. Демидов-Юлташ）和 И. 尤尔金（И. Юркин）的小说以及 Л. 托尔斯泰（Л. Толстой）和 В. 科罗连科（В. Короленко）作品的楚瓦什语译本。20 世纪之后，楚瓦什文学逐渐融入整个苏联文学的浪潮。

楚瓦什民族的源头可以追溯到伏尔加-保加利亚人。楚瓦什民族有三个分支：楚瓦什共和国北部和西北部的上楚瓦什人、中部和东北部地区的中楚瓦什人，以及南部和其他地区的下楚瓦什人。楚瓦什语主要分为上楚瓦什语、下楚瓦什语两种方言。

直到今天，楚瓦什人民还庆祝着一些传统民族节日，并且尊重那些节日仪式。乌拉赫（Улах）是楚瓦什民族一个古老的秋季民间节日，直到今天，楚瓦什青年还会庆祝这一节日。在这一天，女孩子们会聚在一起做针线活，年轻男子会在旁边欣赏。年轻人在这一天载歌载舞，互相交流。这个节日的传统目的是帮助年轻男性寻找新娘，而现在，这个节日已经成了年轻人自由玩乐的节日。楚瓦什人主要的冬季节日是苏尔胡里节（Сурхури）。在这个节日里，女孩们会占卜自己未来的夫婿。

① 参见楚瓦什共和国文化、国家事务和档案事务部门户网站对《亥帕尔》杂志的介绍：https://culture.cap.ru/news/2004/12/09/gazeta-hipar-izdatelj?ysclid=lssfq8x6cs24939270。

占卜的方法有很多种，比如，在午夜时分，年轻人前往羊圈，黑暗中抓住羊的后腿，根据羊的颜色和年龄来预测未来的丈夫或妻子的特征。如果一个男孩抓到了一只母羊，那么据说他会在这一年结婚。同样，对于一个女孩来说，抓到一只公羊意味着她会很快结婚。白色羊毛预示着未来伴侣是浅发，黑色羊毛预示着未来伴侣是黑发。① 根据地区的不同，苏尔胡里节的日期也有所不同。例如，有的地方在圣诞节或新年之前庆祝这个节日，有的地方则是在主显节前夜庆祝。普希金就曾在《叶甫盖尼·奥涅金》中介绍过女郎们在主显节夜晚占卜未来夫婿的情景。

萨瓦尔尼节（Саварни）是楚瓦什人告别冬天的节日。这个节日在许多方面与斯拉夫人的谢肉节相似，也与谢肉节同时举行。楚瓦什人有自己的复活节，叫曼昆节（Манкун），这个节日整整持续 7 天。节日前夕，女主人们打扫房子，男人们整理院子，去澡堂洗澡。节前街道上还会安装秋千供儿童和成人玩耍。人们会提前为节日做准备，如在酒桶里装满啤酒，烤制各种馅饼。人们在节日期间跳舞、唱歌、举行各种比赛。在这一天，人们尽量先让女孩进屋，因为大家认为，如果第一个进屋的人是女性，那么家里的牲畜会生产出更多的幼崽。第一个进屋的女孩会得到一个彩蛋，女孩会被要求安静地坐着，这样家里的家禽就会安静地待在窝里孵蛋。此外，女主人们还会

① Семенова Т. В. Святочные обряды и развлечения чувашей в современном быту // Вестник ЧГУ, 2011, №4, С. 93-97.

烹制丰盛的民族菜肴来庆祝节日。[①]

民族服饰是一个民族文化最显著的表现形式之一，它体现了该民族的审美和特点。服装的形式取决于自然气候、社会经济和历史条件。楚瓦什传统男装和女装的基础为白色长衫，女性长衫的接缝和下摆处绣有花饰，男性长衫上的刺绣则较为朴素，多是三角、线条等图形。女性的传统头饰样式多样，一个完整的头饰由硬币、珠子、珊瑚和贝壳等制成。除此之外，这些东西还被用于制作颈饰、肩饰、胸饰和腰饰。虽然现在人们的日常服饰已经完全被现代服饰取代，但在农村以及一些偏远地区，人们还是会在节日、仪式、表演中穿上民族服饰。[②]

胡普鲁（Хуплу）是楚瓦什的一道经典民族菜肴，这是一种香气扑鼻、美味可口的馅饼，由土豆和肉做成，有时候也会在肉馅里添加小麦碎、鸡蛋、鱼和猪油。胡普鲁总是出现在楚瓦什人的节日盛宴上。在孩子出生、婚礼、新年或圣诞节时，这是一道必不可少的菜肴。

酒对楚瓦什人来说是不可或缺的饮料。楚瓦什人相信他们

---

① 参见巴什科尔托斯坦共和国民族志官网对曼昆节的介绍：http：//atlasrb. ru/holidays/mankun-paskha/。

② 更多有关楚瓦什民族服饰的信息可见：Николаев В. В.，Иванов-Орков Г. Н.，Иванов В. П. *Чувашский костюм от древности до современности*，Москва-Чебоксары-Оренбург：Научно художественное издание，2002。该专著介绍了楚瓦什传统服饰的起源、发展和演变，以及不同的楚瓦什群体服饰。

的祖先崇尚和尊重啤酒这种饮料，几乎每个楚瓦什家庭都会酿造啤酒。楚瓦什啤酒是用啤酒花、特殊酵母及糖等原料制成的，出口各国的“楚瓦什布克特”牌啤酒是楚瓦什共和国的一张现代名片。蜂蜜酒是楚瓦什另一著名饮品。这种酒也是通过啤酒花酵母酿成，蜂蜜是其原材料。桦树汁酒也是楚瓦什的民族饮料，它是由桦树汁液制成的。白桦树是一种神奇的树，树液含有大量的维生素、多糖和对身体有益的微量元素，用桦树汁液酿制的酒非常美味。

橡树在楚瓦什传统文化中有着特殊的意义。在楚瓦什人看来，橡木是男子气概、力量和刚毅的传统象征，也是至高创世神图拉（Тура）的象征。楚瓦什人认为橡树强大而长寿，能抵抗自然界的一切灾难。

（四）马里族文化

马里族是一个有着自己的民族服饰、宗教、语言、诗歌和传统的古老民族。由于马里标准语的确定时间较晚，其相应的民族文学发展较为缓慢。最早的马里语书面文本（诗歌和颂歌）出版于18世纪，是由俄罗斯科学院翻译的关于日常生活、历史研究的著作。马里语文学的奠基人是马里族作家С. Г. 恰瓦因（С. Г. Чавайн）（1888~1937），以他命名的文学民族志综合博物馆于1961年向公众开放，在约什卡尔奥拉修建了一座以恰瓦因命名的国立图书馆。作为马里族的杰出作家，他的作品在马里族人民的精神发展中留下了难忘的印记。

马里人旧称切列米斯人。现今，马里族按照其聚居地可分成三个分支：一支是聚居在马里埃尔共和国的山地马里人；一支是聚居在伏尔加-维亚特卡地区的草地马里人；还有一支是聚居在巴什科尔托斯坦共和国和普里乌拉尔斯基区的东部马里人。

马里族的婚礼传统独具特色，婚俗文化是马里族文化的重要组成部分。过去，马里年轻人的结婚对象通常由其父母决定，年轻人未经父母的同意不能私自成婚。当家中儿子成年，父母就可以为其在邻近的村庄物色新娘了。新娘人选确定后，男孩的父亲和媒人就会来到姑娘家，用礼词宣告他们的来意，例如，“小母牛走丢了，我们都找遍了，她是在你们家里吗?”如果没有被拒绝，他们就会与准新娘的父母讨论进一步的条件。婚礼当天，新娘在家穿上民族服饰，头上戴着表示她仍是少女的头巾，新娘家的宴会结束后，新娘会前往新郎家，在途中新娘会停下，取下代表少女的头巾，换上代表妇女的头饰。[①] 按照传统，马里人婚礼通常于星期五举行。对马里人而言，星期五是一个神圣、干净的日子。人们在星期五祷告、休息。古时，马里人一周只有五天。直到16世纪马里人被基督教化之后，“一周七天”才进入马里人的生活。总体来说，马

---

① 有关头巾在马里人服饰中作为区分族内少女与妇女身份的标志，以及头饰在婚礼仪式中所扮演角色的更多信息，请参阅文献：Песецкая А. А. Одежда как элемент свадебного обмена у марийцев（кон. Xix – нач. Xx вв. ）// Ежегодник финно – угорских исследований，2019，№2，С. 312–324。

里人的传统婚礼程序非常复杂，分为婚礼前的相亲仪式、婚礼当天的仪式以及婚礼完成后的仪式。随着时代的发展，现代马里人婚俗的仪式和周期都有所变化。

绍雷基奥尔（Шорыкйол）是最著名的马里人祭祀节日之一。人们会在冬至期间（从 12 月 22 日开始）庆祝这个节日。信仰东正教的马里人会在基督教圣诞节那天同时庆祝这个节日。在过去，马里人把这一天与农业的繁荣、家庭的幸福和生活的变化联系起来。节日的第一天尤为重要，姑娘们在这一天会挨家挨户地走进羊圈，去拉羊的腿。马里人认为，这样能够延续家庭的生育能力和福祉。由老人瓦西里和老妇人带领的化装游行是节日里一个重要的活动。马里人认为老人和老妇人能够预示未来，因为他们可以与善神和恶神沟通，所以他们可以告诉人们未来的收成会怎么样，人们的生活会怎么样。如果他们来到家里，那么主人在新的一年会有好的收成，院子里的牲畜会多产，家庭会幸福。所以主人们会尽可能欢迎这些化装游行的人，会用啤酒、坚果款待他们，以便他们不对神灵抱怨。① 马里人还会根据这一天的天气来判断春天和夏天会是什么样子，并对收获做出预测："如果绍雷基奥尔节里下雪了——会有蔬菜""如果绍雷基奥尔节里堆的雪堆被雪埋住了——会有大丰收"。在节日期间要遵守某些禁

① 参见马里埃尔共和国旅游门户网站的资料：https：//visit-mariel. ru/what-to-do/mariyskiy-obryadovyy-prazdnik-shorykyol/？ ysclid = lsgb0c48hv580879202。

令，如不能洗衣服，不能缝纫或刺绣，不做重活。吃食在节日里也发挥着重要作用。在节日里应该吃一顿丰盛的午餐，这样来年就会有充足的食物。羊头被认为是必不可少的仪式菜肴，除此之外，还会准备传统的马里饮料和食物：用黑麦芽和啤酒花酿造的啤酒、薄饼、无酵燕麦面包、麻籽馅的奶渣饼等。

马里人的民族传统服饰颇具特点。虽然每一个马里分支的服饰在细节上有所不同，但总的来说，其传统服饰具备共同的马里民族元素。马里的民族服饰由像束腰外衣的长衫、裤子、带吊坠的腰带、头饰和鞋子组成，马里女子还会额外佩戴一些首饰。长衫是马里人的日常服装。马里人服饰上的刺绣以几何图案和花卉为主。此外，在刺绣中还暗藏一些预示好运和幸福的仪式符号。有趣的是，马里男子的长衫领口上会缝制一种保护其免受邪灵和邪眼伤害的图案装饰。头饰是马里民族服饰不可缺少的一部分。冬天，马里男性会戴毡帽或带有耳罩的帽子。他们在日常生活中戴黑色的帽子，如果是节假日，则会更换成白色帽子。马里妇女和少女的头饰有所不同。妇女佩戴的是有装饰图案的头巾，少女则佩戴饰有玻璃珠子和硬币的皮制或羊毛头巾。在所有类型的服装中，婚礼服饰是马里民族服饰中最美丽的。马里人婚礼服饰的主色调为白色。新郎的礼服上面会有一条硬币装饰的特制腰带，礼帽则是弧形的特制帽子。新娘会穿一件下摆缝有硬币的白色连衣裙，外穿一件白色长袍，然后再穿一件绿色长袍，长袍的边缘都缝有硬币，最后再穿一件绣有婚礼图案的围裙，上面系着一条特制的腰巾。[①]

（五）莫尔多瓦族文化

同马里标准语情况类似，莫尔多瓦语标准语的确立时间较晚，这也导致了莫尔多瓦民族文学发展缓慢。以厄尔兹亚语和莫克沙语创作的莫尔多瓦文学，其发展主要体现在口头创作，Е. П. 克里沃舍娃（Е. П. Кривошеева）（1867~1936）是莫尔多瓦口头故事创作的早期代表人物之一。20 世纪 20 年代末，出现了以厄尔兹亚语和莫克沙语出版的杂志，直到 30 年代，莫尔多瓦书面文学才开始走上发展之路。

除了莫尔多瓦共和国内的莫尔多瓦人，还有大部分的莫尔多瓦人生活在伏尔加河沿岸联邦区的其他联邦主体内。莫尔多瓦人有两个分支：一支是莫克沙族；另一支是埃尔齐亚族。莫尔多瓦人的习俗和传统建立在人与自然统一的基础之上。这些传统习俗与婴孩的新生和新家庭的建立有关，也与祭祀先人和葬礼有关。例如，当一个新生命来到莫尔多瓦人的家庭中时，人们会安排“库梅特利亚”（Кумэтрия）受洗仪式，这是当地传统的洗礼仪式。在莫尔多瓦，一个婴儿可以有最多 50 个

---

① 更多有关马里新娘长衫颜色的象征意义可见：Песецкая Александра Александровна Свадебная распашная одежда марийцев как маркер групповой идентичности（по материалам Российского этнографического музея）// Финно-угорский мир，2019，№4，С. 451-465。

教父教母，新生儿的父母会给每个教父教母送上“卡拉奇”（калач）面包，同时，教父教母们也要给自己的教子送上回礼。莫尔多瓦人在洗礼仪式上还会按照传统煮上一锅牛奶小米粥，这被认为是生育的象征。每个参加洗礼的人在品尝小米粥后，都会祝贺父母为家庭增添新成员，并祝愿新生儿像锅里的粥粒一样长命百岁。①

莫尔多瓦人的婚礼传统也很有趣。首先是说媒环节，新郎会把面包扔进年轻女子的窗户，然后迅速逃离。新娘的亲戚必须找到这个儿郎和他家，然后敲开他的窗户，以示同意这桩婚事。接着是订婚，表明未来的公婆同意年轻人的婚约。最后是“抢亲”。婚礼前，新娘会有一个单身派对，新娘会与她的朋友们一起用人造花编织装饰品，为朋友和媒人绣毛巾。做完这些后，新娘会去澡堂沐浴，她的朋友会给她编上已婚妇女才梳的传统辫子。②

3 月 1 日是莫尔多瓦人迎接春天的一个重要日子，在这一

① 更多有关莫尔多瓦人怀孕、分娩和产后的习俗可参考：Молотова Т. Л. Родильные обряды марийцев // Археология и этнография марийского края. Вып. 22. Полевые материалы Марийской этнографической экспедиции 80-х годов, Йошкар-Ола, 1993, С. 85-93；Кандрина И. А. Народные знания и опыт в обрядах деторождения мордвы Республики Мордовия // Вестник ТГТУ, 2011, №3, С. 884 - 894；Шигурова Татьяна Алексеевна Одежда в родильном ритуале мордвы // Вестник ЧГУ, 2011, №4, С. 117-122。

② 在很长一段时间里，将莫尔多瓦新娘的头发编成许多辫子的习俗被保留了下来。对发型的具体描述可见：Белицер, В. Н. *Народная одежда мордвы*, М.：Наука, 1973, С. 135。

天人们会在胸前佩戴由红白彩线编成的小装饰品，在整个 3 月莫尔多瓦人都会佩戴这种小装饰品，他们相信这能给他们带来好运。当整个 3 月过去，人们才会取下这些装饰品，并且在许愿后将它们挂在树上。

莫尔多瓦族的历史传统在生活的各个领域都留下了印记，服装也不例外。莫尔多瓦的民族服饰色彩丰富，颇具特色。传统男装是白衬衫和麻布裤。女性也穿白色长衬衫和及踝的麻布裤，不同的是，女性的服装上面会有许多由金属、珠子、硬币、贝壳制成的装饰物。女性的头饰多种多样，有束在额前带着流苏或珠帘的饰带，也有传统的头巾。自古以来，妇女一直因其特殊的女性力量而受到重视，这种力量表现在生儿育女的能力、耐力、勤奋和技能方面。腰部、腹部和臀部被认为是这种力量的储存地。因此，在莫尔多瓦的节日服装中，女性会戴披肩，腰部会系上用羊毛编织的腰带，在埃尔齐亚妇女的服装中还会有戴在臀部的装饰品。这些传统服饰元素都强调了女性天性的重要性。

地毯是莫尔多瓦重要的民间手工艺品。莫尔多瓦的地毯编织历史可以追溯到 18 世纪。地毯花纹可以传递莫尔多瓦人的生活方式和独特的文化。在过去，莫尔多瓦的少女会在结婚之前亲自编织地毯作为自己的嫁妆。如果一个女孩不会编织地毯，人们会认为她懒惰、不会持家，这样的女孩很难出嫁。传统的莫尔多瓦地毯通常由天然羊毛制成，该手工艺品的一个特点是在略微深色的背景上编织风景、花卉等图案。莫尔多瓦共和国和罗马尼亚的传统地毯制作技术已被联合国教科文组织纳入世界文化遗产名录。莫尔多瓦地毯从 19 世纪开始扬名海外，且随着工业的发展越来越受欢迎。

葡萄酒是莫尔多瓦的另一特色，莫尔多瓦为此专门设立了“葡萄酒节”。这一葡萄酒盛宴在 10 月举行，10 月正好是葡萄收获的时节，也是上一年葡萄酒酿好的时节。这一节日的主要目的是介绍葡萄酒消费文化和促进葡萄酒产业的发展。在葡萄酒节上，每个人都可以免费品尝葡萄酒，甚至可以参观酿酒厂并参与生产过程。

（六）乌德穆尔特族文化

伏尔加河沿岸联邦区内的乌德穆尔特人主要生活在乌德穆尔特共和国，也有部分乌德穆尔特人居住在巴什科尔托斯坦共和国、鞑靼斯坦共和国、马里埃尔共和国、彼尔姆边疆区和基洛夫州。大多数乌德穆尔特人是红头发，他们是乌德穆尔特共和国的原住民。该共和国地处乌拉尔西部，在卡马河及其右支流维亚特卡河的交汇处。乌德穆尔特人分为受俄罗斯北方文化影响的北部分支和受突厥文化影响的南部分支。

受东正教影响，乌德穆尔特的婚礼通常与基督教的主要节日相吻合。乌德穆尔特的婚礼有一些有趣的传统。例如，新娘在新家庭生活开始之前要为失去少女身份而适当哀悼，她的亲戚也要悲伤地哭泣和哀叹。因为人们相信，痛苦和眼泪越多，年轻人的家庭生活就会越幸福。新婚第二天，为了彰显自己的持家能力和勤劳，新娘要为亲戚准备早餐，从井里挑水。①

现在乌德穆尔特人信仰的主要宗教是东正教，在有些农村地区还保留了某些传统宗教信仰，这些信仰影响着人们的日常生活。例如，乌德穆尔特家庭的院子里会有一个用于祈祷的神龛。根据传说，神龛里供奉着氏族的守护神，人们习惯用面包、煎饼、鸟禽来供奉。每个乌德穆尔特村庄都有自己的圣林，需要注意的是，严禁在圣林内砍伐树木、采摘浆果和蘑菇以及放牧牲畜。②

乌德穆尔特最重要的民族节日是格尔别勒节（Гербер）。格尔别勒节具有深厚的历史渊源，尽管它在 1992 年才获得官方正式认定。这个节日的美妙之处在于它向所有的人开放。格尔别勒节的时间与耕作结束的时间相吻合。在节日期间，村社必须进行祈祷、祭祀，以及环绕田野行走一圈。祭品可以是一

① 除了从井里挑水外，关于新娘考核的其他环节，包括烤面包和扫地的详细信息，可参考：Окунева Т. В.，Пчеловодова И. В. Современные экспедиционные исследования свадебной традиции удмуртов（по материалам можгинского и киясовского районов удмуртской республики）// Russian Journal of Education and Psychology，2015，№2（46），С. 426-434。

② 有关圣林的信息，可参考斯维尔德洛夫斯克州雷夫廷斯基城区管理局官方网站对乌德穆尔特民族语言、传统、信仰的介绍：http：//goreftinsky. ru/page/news/index. php？id_ news = 780&ysclid = lssj1wd2nc265745912；也可参考：Перевозчиков Ю. А. К проблеме государственной охраны священных рощ финно-угорских народов в Удмуртии：этнологические аспекты // Ежегодник финно-угорских исследований，2018，№1，С. 141-153。

头公牛，人们必须在粮田附近宰杀这头公牛，然后把牛肉添加到混有燕麦、大麦和荞麦的粥里。饭后，人们做游戏、跳舞。赛马是人们在格尔别勒节最喜欢的一项比赛。因为这是一种自我展示和认识新人的方式：年轻男子会观察节日里的少女，为自己寻找合适的新娘。[①]

乌德穆尔特的传统服饰历史久远。直到 20 世纪初，传统的乌德穆尔特服装都是在家里制作的，麻布、呢子和羊皮是主要原材料。北方乌德穆尔特妇女的服装一般包括一件白色束腰式的亚麻长衫，带有可拆卸的刺绣胸巾，外面再套上带有腰带的白色亚麻长袍和一条半身围裙。在南方，乌德穆尔特妇女的长衫外面是坎肩或马甲以及高胸裙。鞋子是编织的麻布鞋或毡靴。乌德穆尔特的民族色彩是黑、红、白，这三色在其传统服饰中体现明显。黑色是肥沃土地和稳定的象征，红色象征着阳光和生命，白色象征着坚定的道德思想和行动。北方的乌德穆尔特人在他们的衣服上使用的正是这些颜色。在今天的北方乌德穆尔特，三色图案仍被视为正统。在南方，只有在举行仪式的时候才会穿白色的衣服，所以南方乌德穆尔特人平日里穿的是彩色的衣物，使用更广泛的颜色，红色、绿色和棕色居多。乌德穆尔特的新娘礼服都是白色的。

---

① 参考乌德穆尔特共和国国家政策部下属人民友谊之家对该节日的介绍：Удмуртский национальный праздник Гербер，https：//udmddn. ru/articles/udmurtskiy-natsionalnyy-prazdnik-gerber/？ysclid=lssj8ncogt222068693。

三　文化发展政策

俄罗斯各联邦主体政府都为本区域内的文化发展做出了各种努力。

根据俄罗斯联邦 2018 年 5 月 7 日第 204 号总统令《2024 年前俄罗斯联邦发展国家目标和战略任务》和 2020 年 7 月 21 日第 474 号总统令《2030 年前俄罗斯联邦国家发展目标》，俄罗斯联邦文化部制定和调整了国家项目“文化”（Национальный проект «Культура»）。该项目于 2019 年 1 月 1 日起实施，目标是提高俄罗斯大小城镇和村庄文化生活的质量，丰富文化多样性，为人民提供文化福利，以及刺激培养人们的创造潜力。俄罗斯各联邦主体在这一项目的框架下，开展了各种文化活动、新建重建文化基础设施、培养引进青年人才、发展数字文化等。受益于该项目，各联邦主体的现代文化生活不断丰富，人民可享受的文化福利不断增加。

各联邦主体在联邦政府的总体方针指导下，因地制宜，根据自身的文化遗产和文化现状，制定发展自身的文化政策和文化项目。

以鞑靼斯坦共和国为例，其文化部制定了一系列文化发展策略和文化项目，如“2014～2025 年地区文化和民族文化合作发展”子项目（Подпрограмма «Развитие межрегионального и межнационального культурного сотрудничества на 2014 –

2025 годы»)、“2014~2025 年民间工艺品的保护、研究与发展”子项目（Подпрограмма «Сохранение，изучение и развитие народных художественных промыслов на 2014–2025 годы»）、“2014~2025 年鞑靼斯坦共和国土著人民非物质文化遗产保护、复兴和推广”子项目（Подпрограмма «Поддержка народного творчества. Сохранение，возрождение и популяризация нематериального Культурного наследия коренных народов Республики татарстан на 2014–2025 годы»）。

乌里扬诺夫斯克州的重要文化项目之一是“乌里扬诺夫斯克：联合国教科文组织文学之城”项目。该项目自 2015 年以来一直在乌里扬诺夫斯克市内开展。2020 年，根据专家对 2016~2020 年报告的积极评价，联合国教科文组织已认可乌里扬诺夫斯克进一步参与联合国教科文组织创意城市计划。以 2021 年为例，乌里扬诺夫斯克筹备开展了多项文化纪念活动，如纪念涅瓦王亚历山大·涅夫斯基 800 周年诞辰活动，纪念苏联原子物理学家、1975 年诺贝尔和平奖获得者 А. Д. 萨哈罗夫 100 周年诞辰活动，纪念俄罗斯文学巨匠 Д. Ф. 陀思妥耶夫斯基 200 周年诞辰活动，纪念苏联著名作曲家、钢琴家 С. 普罗科菲耶夫 130 周年诞辰活动，纪念俄国著名作家、历史学家 Н. М. 卡拉姆津 255 周年诞辰活动，纪念作家 С. Т. 阿克萨科夫 230 周年诞辰活动，纪念俄罗斯作家联盟乌里扬诺夫斯克州分会成立 70 周年活动，纪念乌里扬诺夫斯克州儿童图书馆成立 65 周年活动。

修建历史文化中心来保护民族文化遗产的方式常见于俄罗斯各联邦主体中。不可否认，它们的出现为地区内民族历史和文化传统的保留传承和复兴发展做出了贡献。通常来说，历史文化中心的工作包括保护和修复文化景观古迹，保护当地居民的传统生活方式、民间传说、民族志特征等，复兴具有历史意义的传统节日和传统手工艺，组织各种类型的研究和出版活动等。历史文化中心除了具有呼吁民众珍惜文化遗产、尊重不同民族文化习俗的教育目的，还能作为历史文化旅游资源产生经济效益，促进中心所在地区的社会经济发展。① 以巴什科尔托斯坦共和国为例，共和国内设置了16个历史文化中心：拜马斯基区的“捷米亚索沃”巴什基尔历史文化中心、克拉斯诺卡姆斯基区的“尼古拉教堂”历史文化中心、卡尔马斯卡林斯基区的“苏克-奇什马”楚瓦什历史文化中心、别列别耶夫斯基区的阿克萨科夫“纳杰日季诺”历史文化中心、别列别耶夫斯基区的茨维塔耶夫斯基“乌先-伊万诺夫斯科耶”历史文化中心、布拉戈瓦尔斯基区的“阿列克谢耶夫斯基”德国历史文化中心、斯捷尔利塔马克斯基区的“佐洛托诺什卡”乌克兰历史文化中心、加夫里斯基区的“赛特巴巴”巴什基尔历史文化中心、乌菲姆斯基区的“克拉斯内-亚尔”俄罗斯历史文化中心、布兹佳科斯基区的“基利莫沃”鞑靼历史文

① Хабибуллина А. Р. Историко - культурные центры Республики Башкортостан: история создания и правовое положение // Вестник ЧелГУ, 2009, №. 41, С. 104-109.

化中心、阿尔汉格尔斯基区“马克西姆·高尔基”拉脱维亚历史文化中心、伊格林斯基区的“波罗的海”白俄罗斯历史文化中心、塔特什林斯基区的“新塔特什林”乌德穆尔特历史文化中心、米什金斯基区的“米什金诺”马里历史文化中心、费奥多罗夫斯基区的“费奥多罗夫卡村”莫尔多瓦历史文化中心和布拉戈瓦尔斯基区的“萨赖雷”巴什基尔历史文化中心。

第五章　俄罗斯伏尔加河沿岸联邦区教育概况

邵明倩*

一　俄罗斯教育体制总体状况

俄罗斯联邦地域辽阔，下设自治共和国、州、边疆区、自治区、联邦直辖市和自治州，共计 89 个行政主体。全联邦教育管理系统分为 3 个层级：国家管理、联邦主体管理和地方管理。国家设有联邦教育部、科学与高等教育部等部门，由国家制定全联邦性质的教育标准和教学大纲，进行宏观统筹，每个地区都设有自己的地方教育教学管理机构，如联邦主体设有共和国教育部和州、市教育厅（局）等，地方设有市、区教育局（处、科）等。各地区教育机构在联邦法律的现行框架内管理其范围内的教育事务，可以对本地区教育教学大纲加以补充，但所有教学机构实行的教育大纲须包含国家教育标准规定

* 邵明倩，四川大学外国语学院俄文系博士研究生。

的内容。

根据《俄罗斯联邦教育法》，教育体系结构包括四大类：普通教育、职业教育、职业培训和补充教育。

俄罗斯设有托儿所（детские ясли）、幼儿园（детский сад）等机构，为正式进入通识教育之前的儿童提供看护和启蒙教育。通常1~3岁的低龄儿童可以选择托儿所，3岁以上进入幼儿园接受学龄前系统教育。此外还有一些学前班（предшкола），为5岁以上的学龄前儿童开设。学前教育不属于义务教育，私立和公立幼儿园并存，家长有权自主选择任何形式的教育机构。在幼儿园接受教育的儿童，年满6岁后可以选择结束学前教育，升入初等教育阶段。在最新的《俄罗斯联邦教育法》中，学前教育已成为基础教育阶段中的一个独立层级，在学前教育国家标准的示范下，各地方教学机构自行制定教学大纲。

普通教育阶段主要包括初等普通教育、基础普通教育、中等普通教育。其中，第一阶段是初等普通教育，学习时间为4年（1~4年级）；第二阶段是基础普通教育，学习时间为5年（5~9年级）；第三阶段为中等普通教育，学习时间为2年（10~11年级）。普通教育各阶段必须相互衔接。一般来说，7~10岁的适龄儿童可入学接受4年初等普通教育，继而需要在基础普通教育阶段度过5年，在9年级时获得中等教育证书者，可以升入为期2年的中等完全教育阶段。在11年级时，学生通过考试并取得中等完全教育证书，方可毕业。根据《俄罗斯联邦教育法》第 66 条第 5 款，初等普通教育和基础普通教育阶段属于免费的普及性教育，即实行 9 年制义务教育制度。

俄罗斯的中小学教育机构除了一般的学校（школа）之外，还有旧式中学（гимназия）、贵族学校（лицей）和课程深化学校（школа с углубленным изучением отдельных предметов）。[①] 旧式中学只针对 5~11 年级的中等学习阶段，偏重文科教学，要求学生掌握多门外语，致力培养研究型人才。贵族学校的教育教学则专门针对高年级中学生，其课程与高等学校相衔接。相比普通中小学，旧式中学和贵族学校的优势在于深化课程学习，还为即将升入高等教育阶段的学生提供附加课程和早期职业培训。课程深化学校针对个别科目实行专门、深入的研究型教学，培养学生的专业兴趣，为未来的学习打好基础。

职业教育分为两种类型：中等职业教育、高等教育。职业教育一般在中学学历的基础上进行，如完成中等普通教育的学生可以继续接受 3 年制的职业教育，而只完成基础普通教育的学生则要在职业教育阶段多培训一年，即 4 年。高等教育根据所获学位与文凭区分为 4 个层次和类型——学士学位（学制为 4 年）、专家文凭（学制 5~6 年，视专业而定）、硕士学位（学制为 2 年）、副博士和博士学位（学制为 2~4 年），副博士学位在国际上等同于“Ph. D.”，而博士学位则授予在科学等

① 姜占民：《当代俄罗斯教育体制简况》，《俄罗斯中亚东欧研究》2004 年第2 期。

领域有突出贡献者。此外，还有其他一些针对大学毕业生（专家或学士）开展的职业教育。

在 9 年级获得中等教育证书或在 11 年级取得中等完全教育证书的学生可以选择进入职业技术学校接受职业教育。职业技术学校主要是为社会培养合格的技术工人，因此学校数量多，生源需求量大。同时，教学内容比较单一，偏重专业性基础教育。相对来说，大学教学更加贴近高等教育标准，教育水平较高，教学内容相对广泛，更具有学术性而不是专业导向。完成 11 年级学业的普通教育者或接受过职业教育者有资格申请进入高等学校进修学士学位。

顺利完成中等普通教育者可以报考高校，获得学士学位或专家文凭者，有资格进修研究生教育。学士与专科教育属于高等教育的平行层次，除了学制、教学准则等不同之外，学士通过考核或论文答辩取得大学文凭，而专科教育毕业即获得专家文凭。高等教育的第二个层次是硕士，取得学士学位或专家文凭的人可以进修硕士学位，提升自己的专业知识和技能。根据俄罗斯联邦法律，学院（институт）、大学（университет）、研究院所（академия）为高等教育教学机构。大学的规模较大，所囊括的专业范围广泛，相对而言，学院和研究院所的专业范围窄，更加偏重某一领域的人才培养和深研。

短期的职业培训是为了让学生获得知识、技能而开展的短期培训，与中等职业教育相区别。

补充教育有两种类型：儿童和成人补充教育及额外的专业

教育。在苏联时期，补充教育按其授课模式和特点被称为“校外教育”，其性质就是学生空余时间进行的一种技能或专业训练，满足他们在德、智、体等方面提升和完善的个人需求，充实生活。这是俄罗斯教育体制的一大特色。

普通教育旨在培养学生的道德素养、科学文化素养和社会生活能力；高等教育为社会各领域培养高素质人才，包括技术人员、研究型人才等，满足个人的发展需求。作为历来重视文化教育的大国，俄罗斯的教育体制发展在中俄交流与合作中备受关注。俄罗斯联邦总统普京上任以来，多次深化文化教育改革，尤其是针对高等教育领域出台了一系列政策。2018 年 5 月，普京签署了关于 2024 年前俄罗斯联邦国家发展目标和战略任务的总统令，对普通教育提出了“跻身世界前十名”的新目标。普京在 2021 年的国情咨文中表示，要提高中小学校基础建设的投入，俄罗斯联邦政府会向每个达到入学年龄的儿童提供助学补助 1 万卢布。在高等教育方面，普京提出，要提高高等教育普及率，加强高校建设，加大拨款力度，以提高俄罗斯高校的国际竞争力。

近年来，俄罗斯一直将高校建设作为政府工作要务，为建成世界一流大学出台了诸多举措，目前国家和各地区有各类综合型、专业型大学及研究所，逐步形成了“俄罗斯高校金字塔结构”。[①] 2021 年 5 月，俄罗斯联邦启动新一代一流大学建

① 肖甦等：《俄罗斯教育政策走向——对普京 2021 年国情咨文的解读》，《世界教育信息》2022 年第 2 期。

设计划，预期遴选 100 所高校，将其建成现代化大学，使其成为俄罗斯科学技术创新和社会经济发展的中心，并为其每年拨付 1 亿卢布。[①] 在现代化大学建设的进程中，俄罗斯政府计划给予区域高等教育机构重点扶持，以缩小各地区高校之间的差距，促进区域大学向世界一流大学转型。

二　伏尔加河沿岸联邦区及各联邦主体教育概况

伏尔加河沿岸联邦区是全俄第二大联邦区，仅次于中央联邦区。这里经济结构多元，传统的采矿业、石化工业和机械制造业十分发达，与经济结构相协调的是卓越的创新能力和完善的区域创新体系，该地区产业结构依托多所国家级研究型大学、经济特区、科技城、科技园区等高新技术平台，创新产品与服务的产出占全俄的 40%以上[②]，已成为全俄重要的工业基地和科研基地。在这种环境下，教育成为经济和科技发展的重要保障。自普京出任总统以来，俄罗斯政府出台了多项政策，以加大政府对教育的支持力度。

① 肖甦等：《俄罗斯教育政策走向——对普京 2021 年国情咨文的解读》，《世界教育信息》2022 年第 2 期。

② Прогноз долгосрочного социально-экономического развития Российской Федерации на период до 2030 года（разработан Минэкономразвития России），https：//www. consultant. ru/document/cons_ doc_ LAW_ 144190/e38db149937f6daf56d039e1a9c17fa6d6183537/.

（一）伏尔加河沿岸联邦区的学前教育现状

学前教育是俄罗斯联邦教育体系中的第一阶段，虽然不具有强制性，但对于整个教育过程来说十分重要。2022 年，伏尔加河沿岸联邦区的学前教育普及率为 93%，从全国范围来看，仅处于中等水平。教育机构可提供的入学名额与适龄儿童人数不匹配，导致许多适龄儿童家庭面临“入园要排队”的难题（见表 5-1）。俄联邦政府将提高学前教育普及率作为教育发展的一大要务。

表 5-1　2018~2021 年伏尔加河沿岸联邦区及各主体学前教育机构对每 1000 名儿童提供的名额

单位：个

主体	2018 年	2019 年	2020 年	2021 年
伏尔加河沿岸联邦区	672	706	752	810
巴什科尔托斯坦共和国	619	657	702	756
马里埃尔共和国	714	726	789	885
莫尔多瓦共和国	694	731	784	844
鞑靼斯坦共和国	599	635	666	749
乌德穆尔特共和国	723	780	827	884
楚瓦什共和国	792	841	893	951
彼尔姆边疆区	743	778	825	882
基洛夫州	754	810	874	942
下诺夫哥罗德州	734	764	822	862
奥伦堡州	645	680	727	778
奔萨州	646	673	705	795

续表

主体	2018 年	2019 年	2020 年	2021 年
萨马拉州	652	671	714	773
萨拉托夫州	659	689	737	768
乌里扬诺夫斯克州	622	647	681	728

资料来源：Обеспеченность детей дошкольного возраста местами в организациях по Российской Федерации и субъектам Российской Федерации с 2018 года，https：//rosstat. gov. ru/statistics/education。

数据显示，2018~2021 年伏尔加河沿岸联邦区学前教育提供的名额是逐年递增的，尽管仍然无法容纳全部适龄儿童，但该地区积极建设学前教育机构，鼓励、帮扶私立机构和补充教育机构，取得了一定的成效。截至 2021 年，在联邦区内，容纳比例最高的是楚瓦什共和国，其次是基洛夫州。教育名额的扩充主要得益于政府为普及学前教育、促进均衡发展所采取的一系列策略。21 世纪以来，政府致力于提供低费用的公共基础教育，提高学前教育普及率，加大对适龄儿童家庭的经济支持力度，于 2007 年起每月给满足条件的家庭发放补贴，以承担部分学杂费用。私立幼儿园的兴起有效缓解了教育名额覆盖率不足的问题，政府出台政策鼓励私立机构及各种新形式看护机构的发展，以分担学额压力，提出了“到 2020 年，民办教育机构接受学前教育的儿童人数占接受学前教育儿童总数的比例达到 1. 6%”①的要求，并于 2014 年起给予私立幼儿园一定的财政支持。

① 肖甦等：《21 世纪俄罗斯学前教育均衡发展策略探析》，《教育参考》2022 年第 3 期。

目前，伏尔加河沿岸联邦区各联邦主体的学前教育容量正在扩大，多个地区拥有学前教育机构超过 1000 所，例如，鞑靼斯坦共和国有 2020 所，巴什科尔托斯坦共和国有 1039 所，下诺夫哥罗德州有 1292 所，萨拉托夫州也达到了 1098 所。[①] 尽管如此，学前教育名额需求大于供给的矛盾在未来几年仍会存在。

（二）伏尔加河沿岸联邦区的普通教育、中等职业教育及补充教育现状

俄罗斯普通教育、中等职业教育和补充教育都不需要通过专门的竞赛或考试获取入学资格，普通教育相当于中国的小学、初中、高中教育阶段，而中等职业教育与中国的高等职业技术学校（教育）类似。根据 2022 年各联邦主体教育部门的统计数据，伏尔加河沿岸联邦区各联邦主体的普通教育和中等职业教育情况如下。

下诺夫哥罗德州有 814 所普通教育机构（33. 29 万名学生）、81 所中等职业教育机构（62. 3 万名学生）和 23 所补充教育机构（3. 9 万名学生）[②]；基洛夫州有 755 所普通教育机构（12. 6 万名学生）、36 所初级职业教育机构、61 所中等职业教育机构（共 4. 7 万名学生）和 116 所补充教育机构[③]；彼尔姆边疆区有 730 所普通教育机构（32. 35 万名学生）、98 所中等职

① https：//tatarstan. ru/about/educationandscience. htm.

② https：//minobr. nobl. ru/.

③ министерство образования Кировсвой Области，https：//43edu. ru/.

业教育机构和 14 所补充教育机构[①]；马里埃尔共和国有 245 所普通教育机构（7. 84 万名学生）、30 所中等职业教育机构（包括分支机构共有 15. 4 万名学生）和 47 所补充教育机构[②]；乌德穆尔特共和国有 568 所普通教育机构（18. 9 万名学生）、64 所中等职业教育机构（近 3. 65 万名学生）和 76 所补充教育机构[③]；楚瓦什共和国有 423 所普通教育机构（13. 87 万名学生）、33 所中等职业教育机构（2. 6 万名学生）和 76 所补充教育机构[④]；鞑靼斯坦共和国有 1402 所普通教育机构（另有 260 个分支机构，超 43 万名学生）、96 所中等职业教育机构（7. 1 万余名学生）和 335 所补充教育机构[⑤]；巴什科尔托斯坦共和国有 1319 所普通教育机构（47. 82 万名学生）、146 所中等职业教育机构（包括分支机构共有 10. 3 万名学生）和 223 所补充教育机构[⑥]；

---

① Итоги Освоения Основной Образовательной Программы Общего Образования В 2018 – 2019 Учебном Году В Общеобразовательных Организациях Пермского Муниципального Района, https：//properm. ru/news/2021 – 11 – 01/peregruzka – i – perezagruzka – pochemu – imenno – seychas – govoryat–o–krizise–obrazovaniya–2687259.

② Образовательный Портал Республики Марий Эл, http：//edu. mari. ru/.

③ Удмуртская Республика – Региональный Обзор, https：//akvobr. ru/udmurtskaja_ respublika_ regionalnyi_ obzor. html.

④ О Ходе Подготовки Образовательных Организаций К Началу Нового Учебного Года, https：//www. zapobedu21. ru/aktualno/5776 – priemka – obrazovatelnykh–organizatsij–k–novomu–uchebnomu–godu–zavershena–v–12–munitsipalnykh–rajonakh–i–gorodskikh–okrugakh–chuvashii.

⑤ Министерство Образования И Науки Республики Татарстан, https：//mon. tatarstan. ru/.

⑥ министерство образования Республики Башкортостан, https：//education. bashkortostan. ru/.

莫尔多瓦共和国有 297 所普通教育机构（7.2 万名学生）、34 所中等职业教育机构（包括分支机构共有 15.9 万名学生）和 65 所补充教育机构①；乌里扬诺夫斯克州有 413 所普通教育机构（11.96 万名学生）、39 所中等职业教育机构（2.38 万名学生）和 61 所补充教育机构②；萨马拉州有 836 所普通教育机构（33.9 万名学生）、64 所中等职业教育机构（6.87 万名学生）和 184 所补充教育机构③；奥伦堡州有 836 所普通教育机构（近 23.9 万名学生）、76 所中等职业教育机构（近 4.76 万名学生）和 140 所补充教育机构④；萨拉托夫州有 895 所普通教育机构（近 25.3 万名学生）、50 所中等职业教育机构和 117 所补充教育机构⑤；奔萨州有 308 所普通教育机构（约 12.95 万名学生）、25 所中等职业教育机构和 67 所补充教育机构（11.18 万名学生）⑥。

根据 RAEX-Analytics 发起的关于 2022 年伏尔加河沿岸联邦区的中学评选结果，在升学率排名前 20 的学校中，有 17

---

① Министерство Образования Республики Мордовия, https://mo.edurm.ru/.

② Министерство Просвещения и Воспитания Ульяновской Области, https://www.mo73.ru/.

③ Министерства образования и науки Самарской области, https://edutlt.samregion.ru/.

④ Министерство Образования Оренбургской Области, https://minobr.orb.ru/.

⑤ Министерство Образования Саратовской Области, http://minobr.saratov.gov.ru/.

⑥ Министерство Образования Пензенской Области, https://minobr.pnzreg.ru/.

所是贵族学校，1 所为课程深化学校（位列第 9），2 所为旧式中学（分别位列第 13、第 20）。贵族学校和旧式学校注重深化学习，教学质量相对较高。在升学率排名中，位于喀山市的第 131 贵族中学在 2019~2022 年蝉联榜首。[①] 从教育机构及受教育者的数量可以看出，鞑靼斯坦共和国的学校覆盖率和教学质量在伏尔加河沿岸联邦区内处于领先地位。

（三）伏尔加河沿岸联邦区高等教育现状

俄罗斯在教育现代化治理中，将“缩小区域差异、建立区域合作关系、促进高等教育与科研的国际合作”列为重要任务。伏尔加河沿岸联邦区高等教育机构乘势而行，加强域际、国际合作，积极参与地区经济建设和科技研发，努力打造教科一体化服务平台。

2021 年，在第九届伏尔加河沿岸联邦区最佳大学 RAEX-100 年度评选中，有 59 所高校参与评级。[②] 在国家政策的大力支持下，各地区在高校建设方面的投入力度有增无减。

据统计，2020 年俄罗斯联邦的高等教育机构多达 710 所，在籍大学生总数超过 400 万人，其中伏尔加河沿岸联邦区国立和私立等形式的高等教育机构就有 270 所，大学生数量为

---

① Рэнкинг：Топ-20 школ Приволжского федерального округа по количеству поступивших в ведущие вузы России（2022 год），https：//raex-rr. com/pro/education/schools_ by_ district/PFO/2022/？ ysclid=l9wlpyricv899859006.

② Локальные рейтинги вузов：Приволжский федеральный округ，https：//raex-rr. com/education/universities/local_ university.

798245 人。[①] 2021 年的调查数据显示，全俄大学生总数为 4044203 人，其中伏尔加河沿岸联邦区在读大学生人数为 790789 人。在伏尔加河沿岸联邦区各联邦主体中，鞑靼斯坦共和国的大学生数量最多，有 141394 人，包括全日制、夜校和函授制学生。[②] 该区域整体教育水平居全俄前列，地区发展紧紧依靠高校科研创新平台，具有很大的发展潜力。

三　伏尔加河沿岸联邦区主要高校简介

（一）下诺夫哥罗德国立技术大学

下诺夫哥罗德国立技术大学是下诺夫哥罗德州最具代表性的国立大学，同时也是“长江-伏尔加河”高校联盟俄方牵头学校，位于该州首府下诺夫哥罗德市。2023 年上半年该校官网的数据显示，该校拥有在读生 13000 余名，教学大纲数量 160 余个，教职工 2000 余人，其中教师 1000 余人。学校共有 150 余名博士、500 余名副博士、16 名荣誉博士，其中 5 人曾

---

① Сведения об образовательных организациях, осуществляющих образовательную деятельность по образовательным программам высшего образования, в разрезе субъектов Российской Федерации, https：//minobrnauki. gov. ru/opendata/9710062939.

② Сведения о численности студентов образовательных организаций, осуществляющих образовательную деятельность по образовательным программам высшего образования, https：//minobrnauki. gov. ru/opendata/9710062939.

获得俄罗斯联邦国家科技奖。2018~2022 年，全校师生共被授予俄罗斯科学院奖章 45 枚，获得俄罗斯教育和科学部奖章和证书的学生超过 500 人。[①]

该大学设有 80 多个培养方向，学科建设在核技术、能源效率和节能、无线电电子系统、工业信息技术、汽车制造和运输系统、核电和动力机械制造新材料与技术等方面具有很大优势，目前学校与俄罗斯国家原子能集团公司、联合航空制造集团公司、联合船舶制造集团公司有密切合作，已成为支柱学校，为欧亚地区培养了大量核能工业人员。

学校致力于保障下诺夫哥罗德地区的技术创新，提高该地区的科研水平，为社会发展培养高素质人才、知识精英和企业家。自 1917 年建立以来，学校培养了大量工业企业管理人才和工程技术人员，本地区工业企业约有 80%的管理人员毕业于该校，该校是中央和地区政府重点建设的支柱性高校。同时，学校积极参与当地工业产业建设，致力于打造教育、科学、工业一体化的区域中心。

学校所在地下诺夫哥罗德州作为伏尔加河沿岸联邦区的联邦主体之一，是俄罗斯联邦在欧洲部分面积最大的地区，总面积为 76. 6 万平方千米。2022 年年终人口普查结果显示，该州共有 3144254 人，城镇化程度相对较高。[②] 截至 2022 年，该州有 12 所大学（不包括分校），其中 11 所是国立大学，在读大

① https：//www. nntu. ru/.

② Нижегородская Область, Большая Российская Энциклопедия.

学生 9.6 万名，还有 40 多所科研机构，如俄罗斯科学院下诺夫哥罗德科学中心（ННЦ РАН）等。[①] 这些大学和科研机构主要集中于下诺夫哥罗德市、阿尔扎马斯市和捷尔任斯克市。

（二）喀山联邦大学

喀山联邦大学位于鞑靼斯坦共和国的喀山市，是建立于1804 年的“喀山帝国大学”经合并、改名而成，拥有深厚的历史文化底蕴，是俄罗斯成立的第三所高等学校（前两所分别是圣彼得堡国立大学和莫斯科罗蒙诺索夫国立大学）。知名校友有文学泰斗列夫·托尔斯泰、革命家列宁等。

喀山联邦大学在沙俄时期就是伏尔加河地区、乌拉尔地区、卡马地区、西伯利亚和高加索地区的教育与学术中心。在高等教育发展迅速的今天，该校在世界科学文化交流中占有一定的地位，已与约 100 个不同国家的高校和科学教育中心建立了长期合作关系。

1996 年，时任俄罗斯联邦总统叶利钦下达总统令，将喀山国立大学列为俄罗斯联邦珍贵民族文化遗产保护对象。2009 年 10 月 21 日，时任总统梅德韦杰夫签署法令，将“喀山国立大学”更名为“喀山联邦大学”，同时列为俄罗斯联邦直属的 10 所联邦级大学之一。

该校占地规模庞大，共有 614 座建筑。在教学方面，开设

---

① Нижегородская область（справка），https：//www.mid.ru/ru/maps/ru/ru-niz/1450762/.

本科课程 180 余门，硕士课程 120 余门。2023 年该校官网数据显示，学校现有在读学生 52000 余名，包含研究生和函授生；教师 4000 余名，其中 3000 多人拥有科学博士学位。[①] 喀山联邦大学是一所全面发展的综合性大学，不仅在历史、哲学、教育学领域具有一定的领先地位，在英语语言文学、大众传媒及新闻学、经济学、语言学、地质学等学科领域的实力也位居全俄前 5，同时，在数学、化学、医学、生物学、地理植物学等方面也享有很高的声誉。该校由于其历史条件和地理优势，已成为重要的东西方文化和语言交流中心，特别是开设了东方学院。该校是俄罗斯 15 所重点大学之一，至今已培养俄罗斯科学院院士和通讯院士多达 80 名。[②] 学校经常邀请国内外知名学者到校开展讲座，已成为重要的学术交流中心。

该校所在地鞑靼斯坦共和国位于俄罗斯联邦大型工业区中心，是连接东西南北的枢纽，交通运输体系发达，辖区内拥有丰富的自然资源，工业结构强大而多元，以石化综合体与大型机械制造业为主，发达的工业促进了技术的发展，也促进了高等学校等科研综合体的形成。除喀山联邦大学，喀山创新大学、喀山理工大学、喀山国立研究技术大学等多所知名高校也坐落于此。

（三）巴什基尔国立医科大学

巴什基尔国立医科大学成立于 1932 年，位于巴什基尔市，

① https：//eng. kpfu. ru/facts-figures-rankings/.

② https：//kpfu. ru/cn/guanyu-daxue/lishi.

该大学在医学领域具有重要的影响力。

在教学管理方面，学校设有教学组织部，教育质量监测部，教务部，教育活动监管、许可和认证部，以及实践部。在师资配备上，该校拥有在职教师 1215 名，其中 269 人具有博士学位，748 人具有副博士学位，2 人为俄罗斯科学院院士（В. Н. Павлов 和 М. А. Курцер），1 人为俄罗斯科学院通讯院士（В. М. Тимербулатов）。[①] 在学科建设方面，该校主要院系有儿科学系、医疗系、口腔医学系、预防医学系与微生物学系、药学系。该校在病理学、儿科学、免疫学、微生物学、药学等学科拥有显著优势，同时还开设了护理学、法医学、生物化学、人体解剖学、运动人体医学等多个专业。学校不仅配有附属医院和科研中心，集教学、医疗和科研于一体，还设有仿真联合教学中心，配备最先进的仿真设备，帮助本科生、实习医生和住院医师提高实践技能。

巴什基尔国立医科大学是开展基础研究与应用研究的大型科研中心。该校拥有中央科研实验室、细胞培养实验室和放射医学实验室等科研基地，还设有肿瘤学研究所、康复医学与疗养学研究所、现代医疗技术研究所和心脏病学研究所。[②] 目前该校同乌法市正电子发射型计算机断层扫描中心合作，培养核医学方面的专业人员，在 2014 年还为索契冬奥会及残奥会培

---

① https：//bashgmu. ru/about_ the_ university/.

② Отчет о самообследовании ФГБОУ ВО БГМУ Минздрава России за 2022 год. , https：//bashgmu. ru/sveden/document/.

训了 700 多名志愿者。

巴什基尔国立医科大学高度重视重点学科领域的国际合作。目前已同中国、哈萨克斯坦、德国、美国、挪威等国的一流大学、科研机构和医疗机构建立了合作伙伴关系，其中包括四川大学、北京大学、哈尔滨医科大学、南昌大学、海德堡大学、雷根斯堡大学、德累斯顿工业大学、华盛顿大学等高校。

巴什科尔托斯坦共和国位于欧洲和亚洲的边界，是乌拉尔经济区的一部分，经济生产以能源燃料和机械制造为主。该地区共有 18 所大学，集中坐落在乌法市和巴什基尔市，巴什基尔国立医科大学是本地区第一所加入“长江-伏尔加河”高校联盟的大学，积极寻求广泛的国际合作，致力于向国际化大学转型。

（四）萨马拉科罗廖夫国立研究型大学

萨马拉科罗廖夫国立研究型大学简称“萨马拉大学”，前身为“古比雪夫航空学院”，成立于 1942 年。学校位于萨马拉市，是俄罗斯萨马拉地区最具声望的高等教育机构。萨马拉大学在航空航天、电子信息、冶金、汽车制造等领域具有学科优势，建校以来，为俄罗斯航空航天工业培养了大量工程技术人员。

该校教学模式包括全日制、非全日制、函授等多个类别。教育层次涵盖学士、专家、硕士研究生和博士研究生，并开办了附加教育学院。在专业设置方面，萨马拉大学开设了航空技术学院、发动机及能源装置学院、航天技术学院、经济管理学院、数学学院、电子和信息学院、社会人文学院、继续教育学院，共有13个系：电子及设备制造系、信息技术系、数学系、化学系、物理系、生物系、历史系、语文和新闻系、社会学系、心理学系、法学系、基础科学系、预科系。该校共拥有88个教研室，图书馆藏书总量超过230万册。此外，该校还配备多个研究院：汽车音响研究院、航空设计院、航天仪器制造研究院、航天机械制造研究院、技术和质量问题研究院、生产技术创新研究院、系统设计研究院、信息系统研究院、建模和控制研究院、社会技术研究院、新型航空发动机研究院等。①

学校师资力量雄厚，拥有5名俄罗斯科学院院士及通讯院士、100名俄罗斯社会科学院院士及通讯院士，53名教师荣获列宁奖以及其他国家级奖项，75名教师曾受到国家表彰。1345名教职工中有100余名教授和500余名副教授，以及242名科学博士和793名副博士。2023年，学校约有学生16130人，其中研究生626人。

目前，萨马拉大学是3个国际联盟的成员，与3个航天机构和1个世界科研中心有密切合作。当前已经与超过45个国家（地区）的167个科研和教学机构签订了合作协议，其中包括18个联合培养项目。②

---

① https：//ssau. ru/info.

② https：//ssau. ru/info.

该校于 2013 年加入俄罗斯国家研究型大学和“5－100”卓越大学计划高校行列，2020 年参与“2030 年优先”战略性学术领导项目，并在俄罗斯国家项目“科学与大学”的目标指导下，致力于成为该地区专业创新型教育中心与科研中心。

（五）萨拉托夫国立大学

萨拉托夫国立大学全称为“萨拉托夫车尔尼雪夫斯基国立大学”，创建于 1909 年，是俄罗斯历史最悠久、学科建设最全面的综合性大学之一，位于俄罗斯联邦萨拉托夫州的首府萨拉托夫市。

学校现有在读学生超过 28000 人，共有教师 4000 多人，其中教授、博士 250 多名，副教授、副博士 1000 多名，俄罗斯国家和地方科学院的院士和通讯院士 40 多名，师资力量雄厚。除附加教育学院外，该校开设了 23 个院（系）：巴拉索夫学院、生物学院、地理系、地质学院、地质系、预科系、艺术学院、历史与国际关系学院、物理学院、体育运动学院、语文与新闻学院、化学学院、电子学院、机械与数学学院、社会学系、外国语与语言学院、计算机科学与信息技术学院、心理学系、心理教育和特殊教育系、基础医学与医疗技术系、哲学系、经济学院、法学院。该校拥有 63 个科学实验室和研究中心。①

萨拉托夫国立大学积极参与国际教学与科研合作，与超过

① Отчёт о результатах самообследования ФГБОУ ВО “СГУ имени Н. Г. Чернышевского” за 2022 г.

26 个国家的约 70 所高校签署了合作协议，共有 1200 余名来自 40 多个国家的留学生在校学习。萨拉托夫国立大学十分注重与中国的合作，从 2012 年开始就与华中科技大学建立了合作关系。2018 年 2 月，两校签订了建设联合实验室的协议，目前双方合作主要集中在生物光学成像以及肿瘤治疗等领域。此外，萨拉托夫国立大学同清华大学（深圳）和复旦大学均在科研领域有较为广泛的合作。鉴于对华合作的重要性，萨拉托夫国立大学加入了“长江-伏尔加河”高校联盟，致力于拓展与长江流域盟校在科研、教育和文化等方面的合作。

（六）马里埃尔国立大学

马里埃尔国立大学创立于 1972 年，是一所年轻的综合性研究型大学。学校坐落在俄罗斯中部马里埃尔共和国首府约什卡尔奥拉。该校是俄罗斯主要大学之一，为地区发展培养了工业、农业、建筑业、教育、卫生、文化等各领域人才，在本地教育发展中起到带头作用。

该校优势领域为人工智能、数字经济、编程、远程医疗、国防工业、纳米技术和电力领域，开设了 6 个学院（农学院、民族文化与跨文化交际学院、数字技术学院、教育学院、医学院、自然科学与药学院）和 9 个系（物理与数学系、经济系、法律系、历史与语言学系、电气工程系、心理教育系、外语系、通识与职业教育系、体育运动与旅游系），学校有 55 个教研室和 40 个研究型实验室。学校拥有教职人员 532 余名，其中博士 66 名、副博士 325 名，教授 37 名、副教授 227 名。[①]

学校现有约 9000 名学生，其中 1800 多名留学生来自 30 多个国家。为帮助留学生熟悉当地的社会文化环境，学校的预科系开设了用俄语和英语讲授的适应性课程，包括法律基础、商业道德、举止文化和商务交往规范。自 2015 年起，学校医疗系开设了英语授课项目。学校重视并鼓励大学生创业，大学生可以在商业孵化器中获得校外资助和投资。

该学校与独联体、亚洲、欧美的高校签署了多项合作协议，开展学生交换、联合科研、联合发表、教授互访等活动。该校同西南交通大学无线电学院合作建立了无线通信系统互联网络实验室，开展联合科研。马里埃尔国立大学是俄罗斯古典大学协会、欧亚大学协会、“长江-伏尔加河”高校联盟、中俄综合性大学联盟等多个国际高校联盟的成员。目前，该校已加入俄罗斯“2030 年优先”项目。

（七）莫尔多瓦国立大学

莫尔多瓦国立大学是一所联邦政府财政拨款的高等教育机构，其前身为 1931 年成立的莫尔多瓦农学院（1932 年更名为“莫尔多瓦国立师范学院”）。该大学由俄罗斯联邦创办，创始人的职能和权力由俄罗斯联邦科学和高等教育部执行。学校地处俄罗斯中部，有 2 个分校。

---

① https：//postupi. info/vuz/margu.

在教学方面，该大学设有各级高等教育和一些中等职业教育专业，并提供学员再培训和高级培训项目。学校设置全日制、在职和非全日制（夜校）学习形式，截至2023年，在读学生共有17000多名，其中包括1800多名留学生。学校师资团队由1000余人组成，其中有300多名为科学博士和教授，副教授近千人。[①]

莫尔多瓦国立大学在广泛的科学领域进行基础和应用科学研究，如今已成为俄罗斯最大的高等教育、科学和文化中心之一。学校下设13个学院（农学院、建筑学院、地理信息技术和地理学研究院、企业培训与继续教育学院、机械与能源学院、高新技术与材料学院、民族文化学院、社会历史学院、医学院、经济学院、法学院、电子与照明工程学院、科教培训与认证学院）和5个系（外语系、语文系、大学预科和中等职业教育系、数学与信息技术系、生物技术与生物学系），还有1个军事培训中心。

2010年，俄罗斯联邦政府将其列为“国立研究型大学”。这是一种组织科学和教育活动的新形式，秉持基础性、创造性、连续性、继承性、高质量以及科教一体化的原则。学校力求数字化创新，为政府实施突破性创新项目创造条件。目前，该校已同中国和中亚国家的79个学校与机构签署了合作协议。

① https://mrsu.ru/ru/university/.

（八）奥伦堡国立大学

奥伦堡国立大学是俄罗斯蓬勃发展的高校之一，在奥伦堡州的高等教育体系中处于领先地位。学校拥有在读大学生 2 万余人，其中包括 1000 多名博士和副博士，毕业生累计超过 15 万人。[①] 教育层次涵盖学士教育、专家教育、硕/博士研究生教育和附加教育。

该校的工作质量和教学质量在俄罗斯高校排行榜中位居前列且表现稳定，师资力量强大，是奥伦堡州教育、科研、社会文化生活领域的领头者，拥有 100 多万册馆藏书籍，实施 200 余个教学方案，设置了 8 个专家培养方向、40 个硕士培养方向、70 余个本科培养方向、20 多个副博士培养方向，以及 30 多个综合培养方向。本校学者可获得奥伦堡州半数以上的科研和技术开发资助，其科研技术成果对本州社会经济发展意义重大。

该校开设了航空航天学院、管理学院、建筑工程系、地质地理系、文学和社会学系、远程教学技术系、数学和信息技术系、应用生物技术和工程系、交通系、物理系、语文和新闻系、金融和经济系、化学和生物系、经济与管理系、电力系、法律系，学校还有 6 个语言中心。在各国大使馆、罗伯特·博世基金会、富布赖特项目等多方协助下，学校聘用外籍教师教

① https：//национальныепроекты. рф/map/orenburgskiy - gosudarstvennyy - universitet.

授英语、德语、法语、汉语、日语和西班牙语。此外，该校还拥有跨学科技能提升和专业进修中心、教师进修系、评估师专业进修中心、会计和审计师专业进修教学中心等。

学校与西欧国家、美国、中国、日本和独联体国家的高校和科研中心建立了合作关系，十分重视国际交流，学校共有来自 20 个国家的 1000 余名留学生。

在俄罗斯热门招聘网站“Superjob”研究中心关于 2011～2016 年电子信息技术行业毕业生的薪资排名中，奥伦堡国立大学位列第 19；在 2015～2023 年国际文传电讯社（Интерфакс）评选的全俄高校排名中，奥伦堡国立大学的综合排名始终位居前 150。

按照俄罗斯联邦教育和科学部指示，以奥伦堡国立大学为基础的跨民族和跨宗教科研中心负责协调伏尔加河沿岸联邦区研究人员的国际化和跨境合作。在俄罗斯“2030 年优先”项目的支持下，该校致力于将自身打造成为集科学、教育、文化一体化的数字化大学，成为奥伦堡地区发展的主要推动力。

（九）奔萨国立大学

1943 年，敖德萨工业学院因战争被转移至奔萨，奔萨工业学院于 1958 年改名为“奔萨理工学院”，1993 年更名为“奔萨国立技术大学”，后又更名为“奔萨国立大学”，现在的奔萨国立大学是由奔萨师范大学和奔萨国立大学于 2012 年重组而成。奔萨国立大学是奔萨州现今规模最大的大学，也是该地区高等教育的领军学校。

奔萨国立大学现有在校生约 2 万人，在本地区大学生总数中占比为 60%。学校的教职工总人数为 2300 余名，其中大约有 200 名博士、教授，约 700 名副博士、副教授，学校要求教师在任教之余积极参与当地的政治、经济活动。

学校设有 7 个学院、11 个系、3 个分校、1 个基础与应用科学研究所、1 个大学生产业孵化中心、多个不同专业方向的继续教育中心。在校园文娱生活建设方面，该校建有 1 个植物园、多个博物馆和 1 个体育健身中心。在学科建设方面，学校设有 152 个专业，涉及社会学、医学、工程学、教育学、数学等领域。优势学科建设侧重于工程学、医学、教育学和军事教育领域，优先在信息和生物医学技术、国家综合安全等领域进行创新，学校每年进行 200 多项科学实验，其中有很多实验成果已经投入应用。

自建校以来，奔萨国立大学培养了许多知名校友，其中有 5 位荣誉技术工作者、10 位科学家、24 位荣誉工作者、7 位苏联及俄罗斯劳动英雄、16 位国际奥林匹克大赛的获奖者，以及 2 位世界知名的宇航员。

奔萨国立大学积极开展国际交流与合作，2023 年 8 月，该校官网的数据显示，约有 2746 名留学生在该校学习，很多专业开设了英语讲授课程。该校国际活动的重点是教育服务出口和国际合作项目的实施，与歌德学院等海外机构合作，建立了德语、英语、法语等语言测试中心，还与来自中国、德国、法国、日本、瑞典、保加利亚、波兰、葡萄牙、哈萨克斯坦等许多国家的合作伙伴建立了联合研究和培养小组，曾参与“伊拉斯谟+”（Erasmus+）计划等国际交流项目。

该校致力于形成和发展有竞争力的人才资本，通过确保高质量的教育、科研、技术创新、区域间和国际合作，支持奔萨地区和俄罗斯联邦的社会经济发展。

（十）彼尔姆国立大学

彼尔姆国立大学全称为“联邦国家高等教育预算机构彼尔姆国立研究型大学”，成立于1916年，是乌拉尔地区的第一所大学，也是俄罗斯古典大学联盟和俄罗斯一流高校联盟的创始高校之一。

学校共有12个系、72个教研室、1个分校——索利卡姆斯克国立师范学院，还有自然科学研究所、植物园、“乌拉尔边界”学术科研基地以及位于车里雅宾斯克州的教学实验林区。在科教资源上，该校有21个研究实验室、4个杰出实验室、156个教学实验室和8个科学教育中心。学校的基础科学图书馆馆藏约100万本，是该地区最大的图书馆之一，也是俄罗斯最先进、最具创新性的图书馆之一。悠久的历史与完备的配置为学校的教学、生产实践和科学研究提供了坚实的基础。2010年，彼尔姆国立大学被授予“国家研究型大学”的荣誉地位，科研资源配备和教育教学方案进一步现代化。

2021 年，该校在读学生共计 14669 名。[①] 主要院系有：生物学系、地理系、地质学系、政治历史系、机械数学系、电子科技学院、当代外国语言文学系、物理系、哲学与社会学系、语文系、化学系、经济系、法律系。该学校以机械和应用数学、计算机信息技术等专业见长，为国有企业和国家政府部门培养了许多行业内人才。

学校的国际交流活动旨在加强与国外的大学在科研、课程开发等领域的合作。2020~2021 年，来自世界上 34 个国家的约 556 名留学生在这所大学学习。彼尔姆国立大学在当前 78 项合作协议的助推下积极开展国际学术研究和交流活动，与西欧、北美、东亚等地区的多所著名高校保持科研及教学交流，其中，中国是其开展国际合作的优先伙伴之一，其与中国的山东大学（威海校区）、山东女子学院、山东师范大学、中国石油大学（华东）、安徽大学、南昌大学、大邑大学（中国台湾）等高校建立了合作关系，每年派遣交换生到对方的学校学习或访学。

（十一）乌德穆尔特国立大学

乌德穆尔特国立大学是乌德穆尔特共和国历史最悠久的综合性大学，创建于 1931 年，经过几十年的发展，于 1972 年由建校之初的乌德穆尔特国立师范学院更名为大学，成为地区科研和教学中心。该校在自然科学、人文社会科学等领域均领先

① http：//www. psu. ru/infografika.

于本地区的其他高校。

乌德穆尔特国立大学下设30个学院与教研室：民防学院，职业教育学院，自然科学学院，艺术与设计学院，历史与社会学学院，数学、计算机技术和物理学院，石油和天然气研究院，教育学、心理学与社会技术学院，法律、社会管理与安全学院，社会传播学院，乌德穆尔特语言学、芬兰乌戈尔语研究和新闻学院，体育文化与运动学院，经济管理学院，语言文学学院，多学科职业教育学院，等等。2022年，该校有在校生1.8万余人（其中包括500余名外国留学生），教职工共计702人，包括442名副博士和82名博士。①

乌德穆尔特国立大学重视对外合作，同独联体、欧洲、东亚、美洲国家的约50所高校签署了合作协议，西班牙、白俄罗斯、哈萨克斯坦、乌兹别克斯坦、芬兰、匈牙利是其主要合作伙伴，此外，该学校与中国的华中科技大学签订了长达9年（2015~2024年）的学生交流协议。该大学努力扩大对合作国家的教育服务出口，与西班牙格拉纳达大学签订联合培养协议，授予语文学方向的学生双学士学位［格拉纳达大学的“现代外国语言与文学”专业和乌德穆尔特国立大学的“应用语言学（俄语）”专业］。

（十二）乌里扬诺夫斯克国立大学

乌里扬诺夫斯克国立大学是伏尔加河沿岸联邦区的一流高

① https：//udsu. ru/about.

校，创办于1988年，最初是莫斯科国立大学的分校，1996年独立出来。

乌里扬诺夫斯克国立大学现有5个主要学院：数学、信息与航空技术学院，技术工程与物理学院，法学院，人文社科学院，文化艺术学院。学校还专门开设了转专业系、教师进修系、扎沃尔日斯基经济与人文学院，成为本校的一大特色。此外，学校还有8个独立的系、2个中等职业教育学校、1个分校、1个代办处、1个科学技术研究院、31个教学科研中心、6个校办创新企业。学校现有本科专业65个、硕士专业21个、博士专业80个。截至2023年8月，学校设有15个专家教学大纲、65个本科教学大纲、21个硕士教学大纲、80个博士教学大纲。该年官网显示，在校生约有1.4万人。[①]

乌里扬诺夫斯克国立大学重视国际合作，与美国和德国相关院校共同建设了俄美系和俄德系，从这两系毕业的学生能同时获得俄罗斯及外国合作方授予的双学位。学校还同中国、捷克、芬兰等国联合开展科研、进行师生交换交流、联合开设语言培训班等。在乌里扬诺夫斯克国立大学设有中俄战略伙伴中心，是中俄青年企业孵化园举办活动的重要平台。

2017年，俄罗斯科学与高等教育部授予乌里扬诺夫斯克国立大学“示范性大学”称号，学校成为地区创新、技术和社会发展的中心。

---

① https：//ulsu-ulgu. vsite. pro/.

（十三）维亚特卡国立大学

维亚特卡国立大学创立于1963年，是一所综合性国立大学，位于俄罗斯伏尔加河沿岸联邦区基洛夫州的首府基洛夫市。

该校提供学士、专家、硕士、副博士和博士教育，教育大纲多层且完善。2022年，该校有教师近千人，其中博士和副博士600余人，在读留学生300余人。[①] 学校开设了数学、物理化学、分子和细胞生物学、生物技术、地理与环境、无机化学、固体化学、材料科学、能源、化学技术、制造和机械工程技术、计算机科学（包括信息与电信技术、机器人技术）、历史学、文化学、艺术史、语言学、经济科学、经济地理学、心理学和教育学等多个研究专业。

学校拥有约30个实验（研究）室，其中有自然学科实验室，如俄罗斯科学院乌拉尔分院科米科学研究中心生理学研究所微生物生理学实验室、生物活性物质和生物聚合物研究实验室、植物生物形态学研究室、肌肉生理学和生物活性物质研究实验室、新兴技术和材料研究实验室、景观科学研究实验室，还有人文学科研究室，如复杂社会分析研究室、国际关系研究室、考古研究室、维亚特卡-卡马地区民族文化过程研究室等。该校不仅在生物信息学、生物技术与微生物、化学工程、信息技术、机械制造、能源、纳米技术与纳米材料等学科拥有

① https：//www. vyatsu. ru/nash-universitet/.

突出成果，还在生态学、语文学、语言学、经济与系统分析、社会学、民族学与人类学、建筑等领域做出了重要贡献。

维亚特卡国立大学与中国、日本、印度、马来西亚、西班牙、葡萄牙、德国、塔吉克斯坦、孟加拉国、白俄罗斯等多个国家的高校保持合作关系，国际交流广泛。在中俄高校交流中，维亚特卡国立大学与辽宁科技大学、黑河大学、齐鲁师范学院等学校签订了合作协议。

（十四）楚瓦什国立大学

楚瓦什国立大学创办于 1967 年，其前身是莫斯科动力工程学院伏尔加分院，目前该校是楚瓦什共和国首屈一指的创新、科研、教学和文化中心。

学校有 15 个学院（外国语学院，信息与计算机工程学院，文学院，历史与地理学院，机械工程学院，医学院，应用数学、物理和信息技术学院，无线电电子与自动化学院，俄语和楚瓦什语语言学及新闻学院，土木工程学院，管理与社会技术学院，化学与药学院，经济学院，动力工程与电气工程学院，法学院）、84 个教研室、157 个实验室，还有一个阿拉蒂尔分校。全校共设置了 295 个教育课程（包括 149 个学士课程、60 个硕士课程、25 个专家文凭课程、39 个研究生教育教学和培训课程、22 个临床医学实习课程）和 4 个中级职业教育课程。该校教学体系成熟，教学资源丰富。

2023 年，该校在读大学生约有 2 万人，其中 75% 为全日制学生，约 3000 人是外国留学生，他们来自亚洲、非洲、拉丁美洲、欧洲及独联体国家。全校共有教师 1000 余名，其中 100 多人获得博士学位，500 多人获得副博士学位。

楚瓦什国立大学近年来在科研方面取得了长足进步，根据俄罗斯人文科学基金的评估，学校的项目申请数和立项数分别居全俄第 7 位和第 13 位。①

最近几年，楚瓦什国立大学在科研立项上成果颇丰，多名学者获得立项资助。此外，学校还在全俄工程中心建设和发展竞赛上获奖，并获得科学与高等教育部 1 亿卢布资助。该校积极与俄罗斯其他高水平高校建立合作关系，与校、企签署了 400 多份合作协议，并开展项目。

楚瓦什国立大学积极拓展海外联系，吸引大量来自欧洲、亚洲、非洲、拉丁美洲等地的学生前来留学。学校与来自 25 个国家的 80 个教育机构开展了国际合作，目前已与 69 个外国高校签订了合作协议，其中中俄合作高校有安徽大学、四川农业大学、西南石油大学、贵州大学、西南科技大学等。

2017 年 6 月 16 日，“长江-伏尔加河”高校联盟在中俄双方的共同推动下正式成立。截至 2022 年，已有 53 所俄罗斯高校、31 所中国高校加入联盟。在相互尊重的基础上，成员高校积极参与校际交流，搭建平等互利的合作平台，发挥各自的学科与资源优势，共同推动中俄双方在科教等领域实现共赢。

---

① https：//www. chuvsu. ru/obrazovanie-fakty-i-czifry/.

第六章　俄罗斯伏尔加河沿岸联邦区与中国长江中上游地区合作概况

路　煜*

一　“长江-伏尔加河”区域合作综述

目前，伏尔加河沿岸联邦区与中国的合作日益密切，尤其是“长江-伏尔加河”区域合作机制逐步完善，进一步促进了双方的合作。

“长江-伏尔加河”区域合作机制是中国与俄罗斯之间一个重要的区域合作框架。该机制旨在推动两国在经济、文化、教育和科技等领域的交流与合作，以实现互利共赢。长江和伏尔加河分别是中国和俄罗斯的重要河流，均为两国经济发展的重要动脉。通过这一合作机制，两国希望深化相互理解和信任，推动区域经济一体化，并为全球经济增长做出贡献。

---

* 路煜，四川大学国际关系学院助理研究员，主要从事俄罗斯研究。

“长江-伏尔加河”区域合作机制的设立可以追溯到2013年。当时，中俄两国政府决定在两国总理定期会晤机制下，设立“长江-伏尔加河”区域合作机制。这一决定标志着两国在区域合作方面迈出了重要一步，旨在推动两国地方政府之间的直接对话与合作。长江流域包括中国的多个省（市），而伏尔加河流域则涵盖了俄罗斯的多个联邦主体。通过这一机制，两国希望推动这些地区在经济、文化、教育和科技等领域的深入合作。

在经济领域，“长江-伏尔加河”区域合作机制促进了两国之间的经贸往来。双方在基础设施建设、能源、农业、制造业等方面展开了广泛合作。中国的基础设施建设经验丰富、技术先进，而俄罗斯则拥有丰富的自然资源和广阔的市场。通过合作，双方可以实现优势互补，共同推动地区经济发展。例如，中国企业在俄罗斯参与了多个基础设施项目的建设，包括公路、铁路、港口等。这些项目不仅促进了当地的经济发展，也为两国企业创造了新的商业机会。

在文化领域，“长江-伏尔加河”区域合作机制促进了两国人民之间的文化交流。双方通过举办各种文化活动，如艺术展览、音乐会、电影节等，增进相互了解和友谊。文化交流不仅丰富了两国人民的文化生活，也为两国文化产业的发展提供了新的机遇。例如，中国和俄罗斯的艺术家们通过合作创作了许多优秀的艺术作品，这些作品在两国都受到了广泛欢迎。

在教育领域，“长江-伏尔加河”区域合作机制推动了两国高校和科研机构之间的合作。双方通过开展联合研究、学术交流和人才培养等活动，提高了教育和科研水平。中国的高校和科研机构在工程技术、医学、农业等领域拥有丰富的经验，而俄罗斯的高校和科研机构则在基础科学和技术研究方面有着深厚的积淀。通过合作，双方可以取长补短，共同推动教育和科研的发展。例如，中国和俄罗斯的高校通过互派留学生、开展联合科研项目等方式，促进了学术交流和科研合作。

在科技领域，“长江-伏尔加河”区域合作机制推动了两国在高新技术领域的合作。双方在信息技术、生物技术、新材料等领域展开了广泛合作。中国在信息技术和生物技术方面具有领先优势，而俄罗斯在新材料和能源技术方面有着独特的技术储备。通过合作，双方可以实现技术互补，共同推动科技创新和产业升级。中国和俄罗斯的科技企业通过合作开发新产品、新技术，开拓了新的市场，提高了竞争力。

“长江-伏尔加河”区域合作机制不仅推动了两国在经济、文化、教育和科技等领域的合作，也为全球经济增长和地区稳定做出了贡献。通过这一机制，中俄两国展示了在推动多边合作、促进区域经济一体化方面的积极态度和实际行动。这一合作模式不仅有利于两国的发展，也为其他国家和地区的合作发展提供了有益的经验和借鉴。

“长江-伏尔加河”区域合作机制是中俄两国在地方合作方面的一项重要举措。通过这一机制，双方在经济、文化、教育和科技等领域展开了广泛而深入的合作，取得了显著的成果。未来，随着合作的不断深化，中俄两国在“长江-伏尔加河”区域合作机制的框架下，将继续推动各领域的合作，实现互利共赢，为地区和全球的和平与发展做出更大的贡献。

“长江-伏尔加河”区域合作机制也体现了中俄两国在国际事务中的合作与协调。两国在许多国际和地区问题上有着相似或相近的立场，通过这一机制，可以更好地协调和推动共同利益。例如，在应对气候变化、维护国际和平与安全、推动全球经济复苏等方面，中俄两国可以通过“长江-伏尔加河”区域合作机制加强沟通与合作，共同应对挑战。

“长江-伏尔加河”区域合作机制有望进一步扩展合作领域和合作方式。随着全球经济形势的不断变化和科技进步的加速，双方在数字经济、绿色发展、卫生健康等新兴领域的合作潜力巨大。例如，在数字经济方面，中俄两国可以通过共同推动电子商务、人工智能、大数据等领域的合作，实现数字经济的互联互通。在绿色发展方面，双方可以通过合作推动可再生能源、节能环保技术等领域的发展，共同应对环境挑战。在卫生健康方面，双方可以通过加强公共卫生、防疫等领域的合作，提高应对全球健康危机的能力。

“长江-伏尔加河”区域合作机制是中俄两国深化全方位合作的重要平台。通过这一机制，双方在经济、文化、教育和科技等领域取得了显著的合作成果，并为地区和全球的和平与发展做出了积极贡献。未来，随着合作的不断深化和拓展，“长江-伏尔加河”区域合作机制将继续发挥重要作用，推动两国关系迈上新台阶，实现更大的合作共赢。

二　“长江-伏尔加河”区域合作机制的简要回顾

2013年5月，中俄“长江-伏尔加河”区域合作机制正式启动，旨在促进中国长江中上游地区［包括四川、重庆、湖北、湖南、江西、安徽6省（市）］与俄罗斯伏尔加河沿岸联邦区14个联邦主体之间的经贸和人文交流合作。[①] 自启动以来，该机制已持续运作11年。虽然中俄两国积极推动相关政策倡议的落实，取得了一系列成果，但也面临一些问题，影响了双方合作的规模和深度。

2015年5月8日，中俄两国元首在莫斯科签署了《中华人民共和国和俄罗斯联邦关于丝绸之路经济带建设和欧亚经济联盟建设对接合作的联合声明》，为在“一带一路”框架下的中俄务实合作做出了战略规划，为中俄“长江-伏尔加河”区域合作带来了新的机遇。该合作机制是两国非毗邻地区合作的新尝试，开创了中俄地方合作的新模式，丰富和完善了中俄地区的合作内涵，对推动中俄全方位合作、促进两地区综合实力的提升、增进两地区民众之间的感情、深化中俄全面战略协作伙伴关系具有重要意义。

“长江-伏尔加河”区域合作机制是中俄两国领导人共同推进的结果。2012年4月30日，时任中国国务院总理李克强

---

① 唐纲：《俄罗斯伏尔加河沿岸联邦区》，《重庆与世界》2014年第2期。

访问俄罗斯时，在喀山与伏尔加河沿岸联邦区地方领导人和中国有关省市负责人举行座谈会。当时，他对伏尔加河流域的发展潜力表示赞赏，并提出了“从国家层面加大对地方合作的推动”等建议。2013 年 3 月，中国国家主席习近平访问俄罗斯，两国元首就加强中俄全方位战略合作达成重要共识，明确指出把中俄两国之间高水平的政治关系转化为丰硕的务实合作成果是双方的主要任务。同年 5 月，中国国务委员杨洁篪与俄罗斯总统驻伏尔加河沿岸联邦区全权代表巴布奇在武汉签订了两地区开展合作的议定书，启动了中俄“长江-伏尔加河”区域合作机制。这是落实中俄两国领导人合作共识的重要举措，这也成为“长江-伏尔加河”区域合作的基本规定性文件。随后，同年 10 月 22~23 日，中俄两国总理发表了《中俄总理第十八次定期会晤联合公报》。该公报明确表示“双方欢迎建立中华人民共和国长江中上游地区和俄罗斯联邦伏尔加河沿岸联邦区合作机制，支持进一步深化两地区经贸、投资和人文领域的互利合作”。2014 年 2 月，中俄“长江-伏尔加河”合作工作组在重庆召开第一次会议，最终形成了两地区投资项目清单和人文领域合作清单。同年 6 月，首次“长江-伏尔加河”地区领导人座谈会在俄罗斯萨马拉市举行，双方就继续扩大和深化两地区合作达成了重要共识并签署了多项合作协议，标志着中俄“长江-伏尔加河”区域合作进入了实质性阶段。2015 年 8 月 7 日，中俄“长江-伏尔加河”地方领导人第四次座谈会在四川成都举行，这是落实习近平主席和普京总统 5 月莫斯科会晤和7月乌法会晤成果、扩大两地区合作的重要举措。2016年7月19日，杨洁篪同巴比奇举行会晤，双方决定将两地区地方领导人座谈会机制提升为两地区地方合作理事会，标志着中俄“长江-伏尔加河”区域合作进入了全新的发展阶段。2017年6月16日，国务委员杨洁篪在合肥同俄罗斯总统全权代表巴比奇共同主持召开了“长江-伏尔加河”地方合作理事会第二次会议，共同启动了“长江-伏尔加河”地方合作理事会网站，签署了会议纪要及多项合作文件。2019年5月23日，“长江-伏尔加河”地方合作理事会第三次会议在俄罗斯切博克萨雷市举行，中国国务委员王勇和俄罗斯总统驻伏尔加河沿岸联邦区全权代表科马罗夫共同主持，双方积极评价了理事会机制在推动两地区乃至两国合作中发挥的重要作用，一致同意以本次会议为新起点，加强沟通协调，完善机制建设，畅通交流渠道，推动合作进入更加快速高质量发展的轨道。2013～2020年，该合作机制经历了多次会议和升级，为推动两国地方合作做出了积极贡献。[①]

三　中俄“长江-伏尔加河”高校联盟

该联盟由四川大学与俄罗斯下诺夫哥罗德国立技术大学共同牵头组建，中方秘书处设置在四川大学，创始成员包括36

① 沈影：《试论中俄“长江-伏尔加河”区域合作的现状与前景》，《对外经贸》2018年第10期。

所俄方高校和29所中方高校，目前联盟成员已拓展至包括长江中上游五省一市的36所中方高校，以及俄罗斯伏尔加河沿岸联邦区14个联邦主体的50所俄方高校。作为首个非毗邻地区高校智库联盟，该联盟致力于深化“长江-伏尔加河”地区教育领域的合作。其成立旨在促进两国人文交流、扩展高校高端国际合作，并助力“一带一路”建设。作为高校智库，该联盟将为中俄“长江-伏尔加河”地方合作提供政策分析、决策咨询和智力支持，成为促进合作的重要平台和典范。[①] 2023年11月8日，中国长江中上游地区和俄罗斯伏尔加河沿岸联邦区地方合作理事会第四次会议及第六届“长江-伏尔加河”高校联盟论坛在江西南昌举行。

本届论坛由四川大学、下诺夫哥罗德国立技术大学主办，南昌大学承办，论坛主题为“中俄高校教育和科研合作潜力”，来自中俄高校的百余名校领导和专家学者参加论坛并开展研讨。在论坛上，中俄双方参会高校的校领导和专家学者就中俄高校联合科技研究的前景、中俄高校教育合作发展的方向、中俄高校人文领域合作的模式等议题畅所欲言，提出了真知灼见。参会代表们建议搭建更加高效的学术资源共享平台，促进两国乃至全球优质教育资源共享；开展跨学科教学融合，与俄罗斯高校探索并实践工科创新型国际人才培养路径；进一步深化科研合作，聚焦创新创造，加强信息安全、人文艺术方面的交流。

① 沈影：《“一带一盟”背景下中俄“长江-伏尔加河”合作的战略分析》，《一带一路》2018年第12期。

四　“长江-伏尔加河”区域合作机制的现实性

伏尔加河沿岸联邦区作为俄罗斯 8 个联邦区之一，人口众多，且处于连接欧亚陆上大通道的中间位置，地理位置十分重要，尤其是在中国“中欧班列”大量开行以后，其交通枢纽的地位日益凸显。从 2022 年开始，四川成都直通乌里扬诺夫斯克的中欧班列开始运行，初期每周一班，2023 年增至每月 8 班。依托铁路运输，大量来自中国各地的工业产品通过成都输送至伏尔加河沿岸联邦区，而该地的农产品也通过回程班列运至成都并中转至全国各地，这标志着伏尔加河沿岸联邦区在对华合作领域中正发挥着越来越重要的作用。

参加“长江-伏尔加河”区域合作的中方主体包括长江上游的四川省、重庆市及长江中游的 4 个省份安徽省、江西省、湖北省、湖南省。长江中上游 6 个省市经济基础较强，近年来经济社会发展水平持续提升，国内生产总值（GDP）在国内占有较大比重。“一带一路”倡议对长江经济带沿线各省市提出了新的要求，也带来了良好的机遇。加强区域合作是推动区域经济协调发展的重要途径。中共中央、国务院于 2018 年 11 月明确要求武汉作为核心带动长江中游城市群建设；2020 年 1 月 3 日，习近平总书记主持召开中央财经委员会第六次会议，做出推动成渝地区双城经济圈建设、打造高质量发展重要增长极的重大决策部署。这些都标志着长江中上游地区已经成为我国经济发展的重要引擎。

长江中上游各省市与俄罗斯的人文交流进一步拓展，双方高校和青年学生的交流日益频繁，推动了两国间的文化联通，增进了两国地区间的友谊，取得了显著成效。近年来，中俄高校联盟发展迅速。2019 年 6 月，湖北省襄阳市经贸代表团赴俄罗斯交流，访问了圣彼得堡市各大学，见证了湖北文理学院同俄罗斯多所大学签订友好合作协议，访问了莫斯科格林伍德国际贸易中心，见证了襄阳市高新区同莫斯科格林伍德国际贸易中心签订合作意向书，双方就“襄阳-下诺夫哥罗德”友好城市建设意向达成一致。2019 年底，俄罗斯托木斯克理工大学在重庆永川高新区设立重庆托木斯克工业技术研究院，依托托木斯克理工大学的人才与技术资源，结合重庆产业发展需要，将在创新创业服务与人才培养、人才引进与交流互访、国际技术本土化合作与研发、国际科技成果与技术转移、中国科技成果与技术推广 5 个领域开展合作。

五　“长江-伏尔加河”区域合作的具体表现

（一）互联互通条件改善，中俄两河流域的旅游合作升温

中国和俄罗斯的交通条件逐步改善，特别是“长江-伏尔加河”区域合作机制启动后，两国物流条件有了较大提升。

在这样良好的环境下，中国与俄罗斯之间的经贸往来越来越频繁。中国积极开通直飞莫斯科、圣彼得堡的航线。目前，成都、重庆等众多二线城市均开通了直飞莫斯科、圣彼得堡的航班。中俄陆上交通条件大幅改善。2016 年 3 月，《关于推进“一带一路”建设的合作规划》实施之后，我国又有多条高铁线路相继开工建设，这使得中俄两国之间的联系越来越紧密。目前，中国已建立了完善的国际运输体系。

中国和俄罗斯于 2000 年签订团体旅游互免签证协定，为两地游客办理入境手续提供很大方便，而近几年陆续推出的中俄直飞航班使两国游客前往两地的入境手续大大简化。目前，长江中上游和伏尔加河沿岸联邦区两大区域已成为两国重要的旅游合作地域。在此背景下，各相关地区积极推进旅游合作，以实现旅游合作“由点及面”。2015 年 5 月，在四川省举行的鞑靼斯坦共和国旅游推介会上，四川省旅游局与鞑靼斯坦共和国旅游委员会签署了旅游合作协议，双方就合作开发旅游资源、开拓特色旅游线路、互办旅游推介会以及保障游客安全等方面达成一致。2017 年底 2018 年初，中俄共签订了 13 个双边及多边旅游协定或双边条约。安徽省利用自身得天独厚的旅游资源开发休闲旅游和生态旅游，并与伏尔加河沿岸联邦区主体开展旅游领域的深度交流与合作；湖南省利用自身独特的红色旅游资源，与俄罗斯乌里扬诺夫斯克州共同开发了红色旅游路线。

（二）经贸合作逐步扩大

自 2013 年以来，中国长江流域与俄罗斯伏尔加河流域的经贸合作发展迅速，但区域合作水平仍低于中俄经贸合作的总体水平。为了增加伏尔加河沿岸联邦区主体的投资吸引力，俄罗斯政府在该地区创建了 TOR（先进发展地区）或 TOSER（先进社会经济发展地区）。根据俄罗斯联邦政府的决定，这些地区制定了促进商业和其他活动的特别法律，以吸引投资、促进社会经济发展和为人民生活创造舒适条件，这些政策措施有助于在伏尔加河沿岸联邦区吸引投资，从而极大地刺激了商业活动。

近年来，中国长江流域与俄罗斯伏尔加河流域的经贸合作快速发展，贸易额持续增长，贸易结构得到改善，经贸合作出现了整体良好的局面。特别是随着“长江-伏尔加河”区域合作机制的建立和完善，两国的经贸往来更加密切，经贸合作进一步深化。随着两国政治互信的加深和人文交流的日益增多，两国的经贸关系进入新阶段。在贸易方面，增速明显加快。首先，经贸合作的“量”有了很大提高，贸易额逐年增加，到 2018 年中国已成为俄罗斯第一大进口市场和第二大出口市场，中国与俄罗斯的双边关系进入全面战略合作伙伴关系阶段。其次，易货贸易持续增长。易货贸易是两国贸易的重要组成部分。新冠疫情流行时，双边人员往来受到了一定影响，但总体上看，双边贸易仍保持了较高的水平，尤其是在长江中上游地区。据可以公开获取的海关数据，2020 年 1~5 月，安徽省对俄罗斯进出口贸易总额为 27.5 亿美元，较上年同期增加 17 亿美元[①]；湖南省对俄罗斯进出口贸易额为 50.768 亿美元，较上年同期增长 20.1%[②]；重庆市对俄罗斯进出口贸易额为 24.395 亿美元，较上年同期增长 9.1%[③]。随着中俄两国经贸合作的不断深化，长江中上游地区和伏尔加河沿岸联邦区两个区域内的联合投资项目数量和投资额逐年增加。长江中上游地区和伏尔加河沿岸联邦区共同工作组于 2015 年设立之初就列出了双方共同投资的项目名单，该名单涉及机械工程和汽车工业、航空工业、农业、运输业、食品产业以及基础设施方面的多项投资。

截至 2020 年 9 月，在“长江-伏尔加河”区域合作框架内，长江中上游地区与伏尔加河沿岸联邦区各联邦主体已达成 162 项合作协议。[④] 计划实施的绝大多数项目涉及木材工业、化学工业和建筑材料生产行业。此外，中俄双方还联合投资 35 亿卢布以共同建造乌法国际中心。四川君和环保股份有限公司还计划投资 2.05 亿美元在锡拜（Сибай）新建一座水泥厂。2019 年 10 月，巴什科尔托斯坦共和国政府代表团就在其南部的锡拜市建设水泥厂事宜继续与四川省政府和企业代表进

① 《2020 年 5 月安徽省进出口商品主要国别（地区）总值表》。

② 《2020 年 5 月湖南省贸易统计报表》。

③ 《2020 年 5 月重庆市进出口商品主要国别（地区）总值表（人民币值）》。

④ 杨俊：《中俄长江-伏尔加河流域地方合作中存在的主要问题》，《国际公关》2020 年第 3 期。

行了谈判，并签署了政府间协议以支持该投资项目，俄方代表团团长呼吁四川企业在川锡工业园区的基础上积极投资高科技和节能技术领域。在“长江-伏尔加河”区域合作机制启动之前，伏尔加河沿岸联邦区与长江中上游省市之间仅签订了3项协议，而自2013年创建区域合作新机制以来，到2019年区域合作协议在相对较短时间内已增加到38个。①

目前，长江中上游地区与伏尔加河沿岸联邦区正在开展贸易、经济、科学、技术和人道主义领域的20多个合作项目，包括在巴什科尔托斯坦共和国建设水泥厂，在马里埃尔共和国建设工具钢厂，在楚瓦什共和国和奔萨州建立农业园区，在彼尔姆地区建立木材加工厂等。

目前，中俄两河流域地区已有部分项目正在推进，双方在生产规划上不断做出细致的安排，推进中的项目主要涉及以下行业。

1. 建材行业

四川君和环保股份有限公司和巴什科尔托斯坦共和国政府于2016年6月签订建设水泥厂协议，水泥厂由四川君和环保股份有限公司投资兴建。工程投资金额为2.05亿美元，规划年生产水泥200万吨。工程实施后，将先为中国劳动力创造200个以上岗位，然后再让本地员工融入公司，未来这支队伍

① Константин Гулин. Развитие экономического сотрудничества российских регион ов с Китаем//проблемы развития территории, 2017, Вып 5（91），С. 17.

人数会达到千人以上。这一工程的进展主要得益于政府的大力支持，从 2016 年开始这一工程就备受伏尔加河沿岸联邦区地方政府关注，并于 2017 年 1 月将其纳入巴什科尔托斯坦共和国优先事项名单。

湖北时力模具材料有限公司于 2018 年 4 月在马里埃尔共和国尤林斯基区尤里诺（Hрино）村投资兴建工具钢厂，这一项目为中俄两河流域地区间重点投资合作项目之一，中方企业预计总投资 500 万美元左右，目前已经投资 8000 万卢布（约合 125 万美元），规划年生产能力 5000 吨。

在巴什科尔托斯坦共和国萨拉瓦特区内，中国建材集团将与乌法投资生产公司联合兴建水泥厂，今后水泥厂工业设备可由中国提供，总投资 119 亿多卢布，日熟料产量有望达到 5000 吨。该项目已经列入巴什科尔托斯坦重点投资项目清单。该项目采用“干燥法”生产，其主要特点是利用当地丰富的资源，如煤、砂等，同时还可减少对环境造成的污染。例如，原先在生产过程中产生的大量粉尘会使周围居民感到不适和烦躁，而采用这种方法进行水泥生产不仅可以达到节能、环保的目的，而且还能改善生产线的封闭生产条件，降低噪声污染。

江西金木（集团）股份有限公司将负责彼尔姆边疆区的木材加工厂建设和运营工作，同时参与江西省与彼尔姆边疆区政府开展的林业合作及旅游合作等相关事宜。目前公司正积极征求江西省余干县政府、彼尔姆边疆区输出保障中心和俄罗斯瓦利达国际旅游有限公司等单位的意见，共同打造鄱阳湖俄罗斯风情木屋国际文化旅游小镇。

2. 农业产业园

湖南省和鞑靼斯坦共和国于2015年8月就设立“潇湘-伏尔加”农业产业园合作项目达成协议，并于2017年9月经鞑靼斯坦共和国人民政府批准立项。据俄罗斯统计局数据库Росстат统计，截至2020年，产业园拥有1340万卢布资产，2018年营收为88.1万卢布，财务状况好于俄罗斯国内大多数同等规模公司。

四川省铁路产业投资集团有限责任公司（以下简称“四川铁投集团”）与楚瓦什共和国政府于2016年5月在莫斯科举行《关于在楚瓦什共和国实施优先发展项目“四川-楚瓦什”农业园合作协议》签署仪式。“四川-楚瓦什”农业园项目由四川铁投集团控股的四川铁投现代农业股份有限公司在俄罗斯楚瓦什共和国投资实施，是集牧草种植、奶牛养殖和乳制品肉制品加工于一体的全产业链综合性实体。此次协议签署后，楚瓦什共和国政府将加快该项目的各种许可、手续审批过程，并将该项目列入楚瓦什共和国优先发展项目库。

（三）人文合作成效显著

当前，中国与俄罗斯在两河流域地区的人文合作平台主要包括“长江-伏尔加河”青年论坛以及“长江-伏尔加河”高校联盟。近年来，两国高等教育领域的交流与合作发展迅速，取得了一些积极成果，两河流域地区高校之间的合作日益紧密。

借助合作平台，人文交流形式日益丰富，学界关于这一合作机制的讨论日益深入。在“一带一路”倡议背景下，伏尔加河沿岸联邦区高校与长江中上游省市高校开展了多种形式的学术交流活动。

1. 成立中俄“长江-伏尔加河”青年论坛

从2014年开始，中国和俄罗斯每年都要召开一次“长江-伏尔加河”青年论坛，推动中国和俄罗斯青年对彼此认识的深化。

2. 组建“长江-伏尔加河”高校联盟

2017年1月，“长江-伏尔加河”高校联盟中方工作组秘书处成立大会在四川大学召开，该联盟得到了双方政府的高度重视，相关领导出席了会议并发表讲话。

3. 人文活动开展得生动活泼

当前，中国与俄罗斯两河流域的人文合作涵盖教育、科技等各个领域，旅游合作也初显成效。

（1）两区域学校之间进行了积极的交流

中国与俄罗斯两河流域地区的教育合作持续进行，现已覆盖高校、职业院校以及中小学等多个领域，并具有以下特点：高校青年交流的规模越来越大，形式也越来越丰富；中国学生在俄罗斯留学人数逐年上升；高等教育领域的合作不断加强；教育国际化进程加快。从2014年起，四川省各大学和伏尔加河沿岸联邦区的17所大学签订了23项关于留学生交换、国际课程培训班与教师交流的合作协议。西南石油大学先后向喀山联邦大学、伏尔加水运交通大学、乌里扬诺夫斯克国立大学、楚瓦什国立大学的52位俄罗斯留学生发放政府奖学金；四川师范大学共派遣67位中方留学生到下诺夫哥诺德师范大学进行交流；西南石油大学共派遣26位师生到伏尔加水运交通大学、乌里扬诺夫斯克国立大学进行交流。这些活动进一步加强了中国与俄罗斯的科研合作，推动了中俄关系持续发展。

2019年6月下旬，“长江-伏尔加河”高校联盟中方秘书处特邀65位入围联盟第一届国际大学生文化推广视频大赛的选手来四川参加联盟青年交流营活动，下诺夫哥罗德国立技术大学、巴什科尔托斯坦国立医科大学、喀山联邦大学、楚瓦什国立大学以及俄方会员院校的43位青年代表，中南大学、华中师范大学、南昌大学、武汉理工大学以及四川大学的20位大学生代表在为期9天的活动中，围绕科技、信息网络、农林医学3个方面进行交流讨论。此次活动由中国高等教育学会教育信息化分会主办，四川省教育厅承办，教育部高等学校社会科学发展研究中心协办。本次交流营活动是中俄两国联合举办的大型学术交流项目，旨在提升中俄文化交流水平。除高校交流以外，双方在中小学、职业教育领域的交流合作也初见成效。2016年，巴什科尔托斯坦共和国乌法市三中的学生纳扎尔进入合肥市师范附属小学跟班学习；2017年6月16日，合肥市师范附属小学与俄罗斯巴什科尔托斯坦共和国乌法市三中签署结对协议。2019年11月22日，来自俄罗斯彼尔姆边疆区各高职院校的校长、教师以及企业访问团来到位于江西省省会南昌的“江西教育发展大厦”，参观考察了江西省高职院校在中俄职业教育合作方面取得的成果，并就进一步推进江西省与俄罗斯彼尔姆边疆区的职业教育合作进行座谈交流。

（2）开展公务员培训

俄罗斯高级公务员研修班于 2015 年 11 月 1 日在合肥举办，罗斯托夫州、乌里扬诺夫斯克州、奔萨州、彼尔姆边疆区以及列宁格勒州等地 19 位高级公务员参加了学习。俄罗斯联邦副总理出席开班式并发表讲话，培训班聘请中俄双方专家授课，中国驻俄大使馆公使衔参赞王立华应邀为学员做专题讲座。该次培训邀请中国著名学者、中国石油工程勘察设计研究院院长、中俄能源合作专家以及中俄能源项目负责人等参加。

四川省和鞑靼斯坦共和国于 2016 年 5 月建立友好省州关系，之后公务员培训逐步成为两地人文交流与合作中的一项重要内容。2017 年 9 月，四川省委组织部、省人事厅联合印发《关于进一步加强四川省级干部培训工作的意见》。2018 年 8 月，四川省人力资源社会保障厅正式启动全省国家级公共机关工作人员全员轮训计划。截至 2020 年，四川省已成功举办了 7 期高级公务员培训班，鞑靼斯坦共和国累计派遣 7 批 113 人次公务员到四川省培训学习。

（3）双方在科技和医疗技术方面的合作继续向前发展

四川省是长江流域重要的省份之一，拥有丰富的资源和良好的产业基础，近年来积极推动与伏尔加河流域地区的科技合作。四川大学作为我国最早开展国际科技交流合作的高校之一，一直积极参与合作进程。下诺夫哥罗德国立技术大学于2019年7月面向四川大学学生开设以“核技术”与“膜技术”为主要方向的暑期课程，介绍该校重点学科，同时邀请中国学生到下诺夫哥罗德实验研究基地参观考察。

在医疗技术领域，四川省和鞑靼斯坦共和国的中医药合作取得阶段性成果。四川省中医药管理局考察团于2018年11月赴喀山与俄方讨论“喀山四川中医药中心”建设规划，指导四川省中医药科学院和喀山国立大学签订中医药合作协议。四川省和鞑靼斯坦国立大学签订共建“中国四川传统中医药中心”协议，并于2019年底正式启用。

（4）民间人文交流活动日趋多元化

作为传统东正教国家，宗教在俄罗斯社会中扮演着重要角色，中俄双方在宗教和文化领域的交流日益受到重视。湖北省投资4500万元人民币对100多年前由俄国茶商筹资兴建的武汉汉口东正教堂的周边环境进行了整治，2015年8月时任俄罗斯总统派驻伏尔加河沿岸联邦区代表巴比奇到访湖北时，参加了该教堂修缮落成典礼。

六　“长江-伏尔加河”区域合作机制的发展前景

目前，中俄关系密切，为“长江-伏尔加河”区域合作创造了条件，同时也带来了新的机遇。在两国政府和人民的共同努力下，两国经贸合作取得了显著的进展。双方的政治互信进一步增强，经济互补性不断提高，人文交流日益密切。与此同时，在双方的合作进程中，也暴露出一些问题并面临诸多挑战。因此，“长江-伏尔加河”区域合作是一项长期而艰巨的任务。只有抓住和充分利用契机，“长江-伏尔加河”区域合作才能行稳致远、更上一层楼。

为了更好地推动中俄在欧亚地区的经贸合作，中国国家主席习近平和俄罗斯总统普京于 2015 年 5 月 5 日在莫斯科就丝绸之路经济带建设对接欧亚经济联盟发表联合声明，双方将共同推进“丝绸之路经济带”建设。

中俄双方强调要以上海合作组织为有效平台，完善双边贸易结构，扩大贸易规模，建立健全贸易便利化机制，促进基础设施互联互通，加强金融等领域的合作，促进中俄两国务实合作，加快区域经济一体化发展进程。加强“长江-伏尔加河”区域合作是“一带一盟”有效衔接的务实之举，为中俄地区合作搭建了高效的平台，利用这一平台可使长江中上游地区与伏尔加河沿岸联邦区在更广阔的空间中找到双方利益的交汇点，深化两区域的务实合作、扩大合作领域、完善双边贸易结构。目前，中俄两地区之间的政治、经济和文化等领域的深入合作不断增多。同时，随着世界政治经济形势的发展变化，“丝绸之路经济带”与“21 世纪海上丝绸之路”之间的关系日益密切，这为两地区的合作提供了更加广阔的发展前景。

（一）“长江–伏尔加河”区域合作中存在的主要问题

近年来，经中俄两国共同努力，“长江–伏尔加河”区域合作取得了长足的进展。两大区域不断推进务实合作，各个领域的合作都取得了较丰硕的成果，但也面临着一定的挑战和不可忽略的问题。中俄“长江–伏尔加河”区域合作是一项长期而复杂的工程，需要两国政府、企业和民间社会团体等多方力量共同参与才能实现。

第一，长江中上游地区与伏尔加河沿岸联邦区之间的经贸合作仍然较为有限。双方之间的经贸合作存在明显的不平衡，而且各省市之间的经贸额差异较大，特别是在传统贸易领域。2015~2016年，长江中上游六省市对俄罗斯的进口额已超过35亿美元，占全国对俄罗斯双边贸易总额的近5%[①]，且主要集中于莫斯科、圣彼得堡及其周边地区。目前，这一情况正在逐渐改善。

除此以外，“长江–伏尔加河”区域合作机制下经贸合作项目的实施情况不太理想。双方已经建立了两地区合作工作组机制，多次召开经贸洽谈会并签署了大量的投资意向书。根据会议精神，双方将加强双边及多边合作。然而，多数项目并未得到真正实施。

从总体上看，中俄两国目前的贸易往来仍然集中在传统能

① 中华人民共和国商务部网站，http：//www. mofcom. gov. cn /。

源、原材料和工业制品等领域。尽管随着中国经济实力的不断增强和中俄两国战略协作伙伴关系的不断深化，以及“一带一路”倡议的推进，双方在高新技术研发、电子商务等领域开展了广泛的合作。然而，贸易结构仍不够多元化，贸易额占中俄双边经贸总规模的比例仍然偏低。

第二，“长江-伏尔加河”区域合作缺乏有效协调机制，各省市与联邦主体间的项目规划呈碎片化特征。由于缺乏有效的沟通协调机制，“两河流域生态保护与修复”项目进展缓慢。长江中上游工业基础薄弱，加上信息技术、电子科技和汽车制造等产业发展迅速，导致区域对外合作不够紧密，同时造成区域内企业间的竞争关系不明确，低水平重复建设和恶性竞争现象严重，影响到长江中上游经济的健康发展。此外，由于俄罗斯与中国在能源及生态环境等领域存在竞争关系，相关合作项目受到了影响，需要通过协商来解决这些问题。缺乏有效的沟通和协调机制是阻碍两地区企业良性竞争的重要原因之一。这不仅影响了双方企业竞争力的提升，而且严重制约了“长江-伏尔加河”区域的经贸合作发展。

第三，长江中上游地区与伏尔加河沿岸联邦区之间缺乏合作传统和地区交往基础，因此在经贸合作方面存在许多困难。此外，两个地区在地理位置上存在较大差异，导致物流成本较高，进一步阻碍了两地区的贸易往来和经济合作的发展。因此，建立政治互信机制和加强地区交流与合作，是加强“长江-伏尔加河”区域经济合作的重要途径。

第四，“长江-伏尔加河”区域合作机制不够完善。俄罗斯的投资环境与中国存在较大的差异，尽管中国和俄罗斯政府多次将“长江-伏尔加河”区域合作纳入两国首脑会晤的政治宣言中，但该机制并未得到明确的政策支持，特别是在财政和税收方面。而在地方层面，双方对该区域合作机制仍存在一些疑虑。在“长江-伏尔加河”区域合作中，缺乏相应的法律机制，存在仲裁制度不健全、专门的仲裁机构缺乏、贸易纠纷解决方式单一以及对贸易主体的保护力度不够等问题，影响了双方的经贸合作。俄罗斯地方政府对在俄投资项目的监管力度不够，并实行排外性和贸易保护政策，这些都会影响双方的合作关系。部分中方投资者认为俄罗斯法律不健全，缺乏对投资行为进行监督的机制，同时也有部分俄罗斯民众认为政府机构及相关部门缺少对外国投资的必要监督。这些因素使中方投资者对自己在俄罗斯投资的合法权益得不到切实维护感到忧虑。俄罗斯联邦和地方政府之间的分权以及联邦政府与地方政府之间存在的法律冲突是导致俄罗斯企业在俄投资面临诸多障碍的重要原因之一，而市场准入方面的行政壁垒则成为中方企业在俄投资的主要障碍。

（二）“长江-伏尔加河”区域合作的对策与建议

搭建沟通平台，实现双方沟通制度化。两国可以建立更加紧密的合作，如在“一带一路”倡议、欧亚经济联盟框架内，签订双边或多边经贸合作协议、制定合作项目清单。进一步加强两国高层互访及双边务实磋商，促进中欧班列更多线路、班次开通，使长江流域和伏尔加河流域成为连接两国的重要纽带。交通条件的改善将为区域经贸合作创造更广阔的空间，也有助于提高两河流域贸易投资便利化程度。健全“政府搭台，企业唱戏，高校联盟，民间参与”的综合发展格局，发挥多元参与主体的重大作用，双方要建立和健全利益共享、责任共担、成果共享机制，充分调动各方积极性，共同推动区域经济一体化进程。

在上述合作机制的基础上，构建以国家为主导的多层次合作体系，健全立法与司法保障。充分发挥地方政府的引领作用，构建两河流域企业合作发展的法律框架和机制，并制定相应的政策与制度来规范企业间的合作行为，同时也要注重对企业合作协议履行情况进行监督，加强对两河流域投资环境的风险管控。注重各参与方之间利益分配的合理性与公平性，保证各方均能获得较好的收益。中国和俄罗斯企业在合作期间曾发生过前期调查不充分而导致项目失败的案例，两地区的企业应仔细调查项目状况并对项目进行多方风险评估后再进行合作。俄方应积极与当地民众及地方政府沟通，争取更多的支持和帮助，同时也要注意规避可能发生的各种风险，降低或转移合作风险给双方带来的损失，维护自身的合法权益。

在人文合作领域，两地区应建立以高校为主导的多层级合作机制。民心相通对推动两地深入合作具有重要意义，应积极利用民间外交优势加强两地人文交流合作，不断加强“长江-

伏尔加河”青年论坛及其他合作形式的引领作用，并积极开展两地文化展、艺术展及旅游观光等多形式的文化交流活动，以进一步深化两河流域人民之间的沟通往来。

在“长江-伏尔加河”区域合作过程中，应重点关注工业基础和工业发展水平两个因素。双方应加强对有高技术含量、高附加值产品和技术的开发与引进，扩大进出口合作。建议建立“长江-伏尔加河联合研发中心”，整合区域内的创新资源。同时，还可通过设立科技基金或投资基金来激励合作研发。鼓励两地高校、科研机构及相关机构开展产学研相结合的技术创新活动，促进科技成果转化为现实生产力。充分利用长江中上游六省市的资金优势与伏尔加河沿岸联邦区的技术优势，实现两地在资金与技术上的互补，挖掘贸易潜力，使两地经贸结构更加合理。

降低贸易壁垒，加速商品流动，提升贸易的便利程度。一方面，非毗邻而造成的地理限制需要两个地区特别是伏尔加河流域加强运输、通信和物流便利化建设。在既有“欧亚大陆桥”南端，沟通长江与伏尔加河“渝新欧”大通道，在此基础上，实现陆路、水路、航空运输联运，增加通信及电子信息系统建设投资，促进交通通信便利化，减少交通运输成本与沟通成本。

另一方面，加大中俄两国特别是俄方电子商务平台建设和普及力度，加快俄方信息基础设施建设和电子支付规范化进程，扩大俄方居民及企业电子商务参与规模，降低空间距离造成的贸易壁垒。

通过以上措施，一方面，为中俄两国提供更加便捷高效的商贸服务；另一方面，也能促进两国经济发展，实现双赢。简化通关手续，减少中俄贸易中的人为障碍，打造专业化园区和经济特区，改善营商环境，提升投资便利化程度。

从国际经验来看，外商投资产业集群发展模式已经成为当今世界经济发展的重要趋势之一。随着中国对外开放程度的不断提升以及国内产业结构转型升级步伐的加快，中俄两国之间开展经贸合作具有了更为广阔的空间。中方和俄方都应积极推进专业化园区和经济特区建设，提供“一站式”服务，完善相关税收优惠政策，改善投资环境，提升公共服务和金融服务的外部经济性，以吸引更多的外商直接投资。在相互投资方面，遵循比较优势原则，长江中上游地区六省市将优势产能转移至伏尔加河流域，可使俄罗斯高技术资源和中国产业化能力相结合，进一步提升产出效率，扩大市场规模。

重视复合型、应用型人才的培养，进一步完善合作机制。培养专门人才是促进两国互利双赢的重要途径之一。随着中俄关系的日益深入发展，两国对人才的需求也越来越大。“长江-伏尔加河”区域合作进程中出现一些困难与挑战，一个很重要的原因是缺少复合型、应用型人才。目前，这类人才主要集中在两个领域：一是俄罗斯高校汉语专业和中国高校俄语专业的人才；二是能将汉语和俄语应用到法律、经济、国际贸易等领域的人才。长江中上游六省市地域广泛、人口众多，“长江-伏尔加河”高校联盟建设具有重要意义，有利于培养复合型、应用型人才。“长江-伏尔加河”高校联盟应该加强跨区域的校际合作与交流。

中方应依托中国科学技术大学、武汉大学、中南大学、四川大学、四川外国语大学等具有鲜明办学特点且在语言、社科领域优势突出的高校，打造一流的优质科研平台。俄方可以通过联合办学、派遣留学生、交换培养等形式，培养掌握汉语、俄语、法律及国际贸易等多学科知识的复合型人才。中国与俄罗斯在互相学习与理解的前提下，共同培养与中俄经贸合作相关的专业人才，为两河流域居民与企业之间的交流与合作提供便利化服务。

加强双方人文教育和其他非经济领域的交流合作，提升互信以促进经贸领域的合作。一方面，加强对涉外专业知识的学习和研究；另一方面，注重外语人才培养。首先，提高教师素质，加强师资队伍建设；其次，完善课程体系，优化教学内容，改革教学方法和手段。校企合作要坚持市场导向，以签订校企联合培养协议为基础，建立“精细化”的培养模式。进一步加大课程建设力度，增加双语教学比例；完善实习实训基地体系，提升人才培养质量；建立校企联合培养人才机制，实现优势互补。

在教学过程中注重理论知识与实践技能相结合，以培养符合两河流域特色的外贸人才为目标。对于从事贸易工作的人员而言，不仅要学习本区域内的法律法规知识，还要了解该区域环境下对外语人才的需求情况。此外，还应注重提高自身俄语、英语水平并加强跨文化交流能力。通过孔子学院、“汉语桥”比赛等活动，在伏尔加河沿岸联邦区挖掘、培养语言人才；国家留学基金委员会设立的中俄政府间留学生交流项目也可作为支持人才发展的重要平台。综上所述，为使两国未来在各个领域尤其是经贸方面开展合作时减少不必要的困扰，中俄两国应该注重复合型和应用型人才培养，从而为开展高效经贸合作提供人才支持。

图书在版编目(CIP)数据

俄罗斯伏尔加河沿岸联邦区发展报告.2023 / 李志强主编；沈影，王逸群副主编.--北京：社会科学文献出版社，2024.11.--ISBN 978-7-5228-4331-5

Ⅰ.F125.551.2

中国国家版本馆 CIP 数据核字第 2024JZ9386 号

俄罗斯伏尔加河沿岸联邦区发展报告（2023）

主　　编 / 李志强
副 主 编 / 沈　影　王逸群

出 版 人 / 冀祥德
组稿编辑 / 高　雁
责任编辑 / 颜林柯
责任印制 / 王京美

出　　版 / 社会科学文献出版社・经济与管理分社（010）59367226
　　　　　地址：北京市北三环中路甲 29 号院华龙大厦　邮编：100029
　　　　　网址：www.ssap.com.cn
发　　行 / 社会科学文献出版社（010）59367028
印　　装 / 三河市龙林印务有限公司

规　　格 / 开 本：787mm×1092mm　1/16
　　　　　印 张：12.75　字 数：130 千字
版　　次 / 2024 年 11 月第 1 版　2024 年 11 月第 1 次印刷
书　　号 / ISBN 978-7-5228-4331-5
定　　价 / 158.00 元

读者服务电话：4008918866